인재가 기업의 미래다

KASEGUHITO WO NIGASANAI "SAIYOU" "MENSETSU" NO GIJUTU
ⓒ KENITIROU YADOKORO 2007
Originally published in Japan in 2007 by ASUKA PUBLISHING INC.
Korean translation rights arranged through TOHAN CORPORATION, TOKYO
and SHINWON AGENCY.

이 책의 한국어판 저작권은 신원에이전시를 통한
저작권자와의 독점계약으로 중앙경제평론사에 있습니다. 신저작권법에 의해
한국 내에서 보호를 받는 저작물이므로 무단전재와 복제를 금합니다.

인재가 기업의 미래다

야도코로 겐이치로 지음 | 한근태 감수 | 박주영 옮김

중앙경제평론사

감수의 글

나는 엔지니어 출신의 경영컨설턴트다. 직업상 수없이 많은 회사에서 강의를 하고 자문을 한다. 그러다 보면 나도 모르게 이 회사는 잘 될 것 같다, 이 회사는 쉽지 않겠다는 생각을 하게 된다. 핵심은 사람이다.

좋은 회사는 사람들 얼굴이 다르다. 표정이 밝고 걸음걸이가 씩씩하다. 웃음이 많고 분위기가 화기애애하다. 사람들 얼굴에서 자부심이 느껴진다. 나쁜 회사는 귀곡산장 느낌이 든다. 얼굴이 어둡고 웬만해서는 웃지 않는다. 그럴 때는 이런 생각이 든다. 어떻게 저런 사람을 채용했을까, 저 사람은 처음부터 저렇게 표정이 어두웠을까, 이유는 무얼까, 사장은 직원들의 불만이유를 알고 조치는 취하고 있는 걸까, 인사 쪽 사람들은 이런 사실을 인지하고 있는 것일까?

조직에서 가장 중요한 것은 인사다. 어떤 사람을 뽑고 그 사람을 어디에 배치할 것이냐 어떤 사람을 승진시키고 어떤 사람을 내보낼 것이냐, 어떻게 동기부여를 해서 최대한 역량을 발휘하게 할 것이냐가 제일 중요하다. 그 중에서도 채용이 가장 중요하다. 채용이 전부다. 채용을 잘하면 이후 것은 좀 무시해도 상관없다. 만사형통이다.

반대로 채용이 잘못되면 이후 모든 일이 꼬이기 시작한다. 결혼이 대표

적이다. 배우자를 잘 만나면 다른 것이 서툴러도 사는 데 지장이 없다. 반대로 배우자를 잘못 고르면 아무리 잘해주고 동기부여를 시켜도 사사건건 꼬일 수밖에 없다. 그런 면에서 채용은 기업이 하는 일 중에서 가장 중요하다. 직급이 올라갈수록 전략, 흡수합병, 마케팅보다는 그런 일을 잘할 수 있는 사람을 뽑고, 제대로 잘하게끔 모니터링을 해야 한다. 채용에 가장 많은 시간을 투자해야만 한다.

이 책은 인사와 채용에 관한 책이다. 이론보다는 실제 경험을 바탕으로 유용한 정보가 많이 담겨 있다. 몇 가지 인상적인 대목을 보자. 인사담당자는 무엇보다 사람을 좋아해야 한다. 그래야 관심을 갖고 애정을 나타낼 수 있다. 맞는 말이다. 만약 인사담당자가 일을 기계적으로 매뉴얼대로 한다면 그런 회사에는 좋은 사람이 가지 않는다. 가더라도 곧 퇴사할 것이다. 회사가 상품이란 대목도 맞다.

취업이 힘든 요즘 회사는 갑의 입장에 있다고 생각하기 쉽다. 하지만 그렇지 않다. 면접은 갑과 을의 대결이 아니다. 소개팅 같은 것이다. 서로 마음에 들어야 한다. 그렇기 때문에 면접관의 태도가 중요하다. 상대를 존중해야 하고 삼고초려의 마음으로 임해야 한다. 그래야 좋은 인재가 들어온다.

영어의 인터뷰(interview)란 말은 서로 바라본다는 의미다. 나만 지원자를 면접하는 것이 아니라 지원자도 회사를 면접하는 것이다. 지원자는 면접관을 통해 회사를 판단한다. 면접관은 회사의 대표다. 그렇기 때문에 많은 정보로 무장해야 한다. 모집직종, 부서상황, 회사의 약점과 강점, 방향성을 알고 있어야 한다.

주의사항도 흥미롭다. 첫인상에 너무 비중을 두어서는 안 된다. 첫인상은 별로였지만 이후 일을 잘하는 사람이 많다. 반대로 첫인상은 끝내줬지만 별로인 사람도 많다. 사람을 너무 쉽게 판단해서는 안 된다. 자기와 비슷한 사람에 대한 선호도 조심해야 한다. 조직이 시너지를 내기 위해서는 다양성이 전제되어야 한다. 다르다는 것을 싫은 것으로 생각해서는 안 된다. 체크리스트 작성도 그렇다.

면접관 중에는 체크리스트를 작성하느라 지원자와 눈도 마주치지 않는 사람이 있다. 완전 선과 후가 뒤바뀐 것이다. 체크리스트는 기억하기 위한 도구다. 나중에 어떤 사람이었는지를 판단하기 위한 도구일 뿐이다. 면접관은 면접에 몰입해야 한다. 지원자와 눈을 맞추고 그와의 대화에 몰입해야 한다. 대화할 때의 표정이나 태도도 살펴야 한다. 저 사람이 어떤 사람인지를 알기 위해 최선을 다해야 한다. 지원자에게 공감을 표하며 신뢰관계를 구축해야 한다.

무엇보다 질문 기술이 중요하다. 지원동기를 물으면서 기여란 단어가 나오는지, 어떻게 기여할 것인지를 알아내야 한다.

3년 후 회사에서의 모습도 물어보면 도움이 된다. 그 사람의 속내를 알 수 있기 때문이다. 그냥 월급 때문에 다니는 사람은 답변하기 어렵다. 일에서 우선시하는 세 가지, 휴일을 어떻게 보내는지, 주위 사람들이 자신을 어떻게 평가하는지, 좌우명은 무엇인지, 그런 좌우명을 갖게 된 배경은 무엇인지, 최근 읽은 책이나 잡지는 무엇인지, 살면서 가장 싫었던 일은 무엇인지, 먹는 것을 좋아하는지, 멘토는 있는지 등을 묻는 것도 방법이다. 그런 질문을 통해 그 사람이 어떤 사람인지를 알 수 있기 때문이다.

하지만 그렇다 해도 그 사람이 어떤 사람인지를 알아내는 것은 쉽지 않다. 열 길 물 속은 알아도 한 길 사람의 속은 모르는 것이 사람이기 때문이다. 핵심은 채용에 많은 시간과 노력을 기울이라는 것이다. 가능한 많은 사람들이 보게끔 하고, 많은 사람을 참여시키고, 다양한 질문을 개발하고, 프로세스를 정교화시키는 것이다. 또 뽑은 후의 관리에도 신경을 써야 한다. 이 책이 바로 그런 것에 대한 핵심을 잘 정리했다. 도움이 되길 바란다.

한스컨설팅 대표 한근태

시작하면서

　　　　　　　　　이제는 기업이 채용하겠다고 해서 여유 있게 인재를 채용할 수 있는 시대는 끝났습니다. 기업이 지원자 중에서 자기 회사와 맞는 인재를 고르는 동시에 지원자도 인터넷 등 다양한 경로로 자신에게 맞는 회사를 찾기 때문입니다. 지원자에게는 기회가 더 많아진 것이지만 기업에게는 인사담당자의 역량이 기업의 미래를 좌우할 정도로 사람을 찾는 업무가 중요해진 것입니다.

　　채용은 일반적으로 모집 공고를 내서 지원자를 모으는 것으로 시작합니다. 그렇기 때문에 지원자가 회사에 지원하지 않으면 인재를 고른다는 것 자체가 불가능합니다. 또 회사에서 원하는 인재가 지원했어도 지원자가 입사하지 않으면 처음부터 회사에 지원하지 않은 것처럼 아무런 이득이 없습니다.

　　인사담당자 중에는 채용이 잘 안 되는 이유로 현실 탓을 하는 사람들이 있는데, 이들은 앞으로 도태될 것입니다. 유능한 인사담당자라면 어느 기업이든 인재를 채용하기가 어렵다는 것을 고려해 다른 회사보다 나은 채용 전략을 세워 회사에 기여할 것이기 때문입니다.

　　저는 20년간 채용 업무를 하면서 1만 명 이상을 면접했습니다. 그때마다 항상 지원자 마음이 회사로 향하도록 노력했습니다. 경기가 활황이어서 채용이 힘들었던 시대에는 지방까지 내려가서 면접하겠다고 했지만 아무도 오지 않기도 했습니다. 지금은 불법이라서 문제가 되지만 구인 광고지를 전신주에 정신없이 붙이던 때도 있었습니다.

구인난이었을 때 배운 것은 지원자가 요구하는 것이 무엇인지를 항상 생각하며 그들에게 메시지를 전하는 광고를 하고, 더 나아가 그들을 받아들이는 데 필요한 제도를 마련해야 한다는 것입니다. 인사담당자가 '채용해주는 것'이라는 거만한 생각으로 채용하는 한 그 기업에게 내일은 없습니다.

인사담당자는 지원자에게 기업 대표자이며, 지원자 인생을 좌우하는 역할을 한다는 사실을 깨달았으면 합니다.

이 책에서는 신입사원에서 경력자 채용까지 인사담당자가 회사에 필요한 인재를 확보하는 노하우를 총망라했습니다. 채용이 잘되지 않는다고 고민하는 인사담당자, 기업의 중역 이상 임원, 기업 대표들에게 도움이 될 만한 힌트가 많이 있습니다.

채용은 돈을 주고 물건을 사는 것과 달리 늘 사람의 마음에 따라 좌우되기 마련입니다. 나날이 획기적으로 발전하는 이 시대에 구직자의 마음을 사로잡을 수 없는 기업은 인재를 채용할 수 없습니다.

이 책이 구직자의 상황이나 마음을 이해하는 데 도움이 되어 회사가 채용 전략을 성공적으로 세우는 데 꼭 활용되었으면 합니다.

이 책을 읽고 우수한 인재를 많이 채용하길 진심으로 기원합니다.

야도코로 겐이치로

차례

감수의 글　004
시작하면서　008

1장　채용 업무 전 인사담당자가 알아야 할 것들

01 인사담당자의 자질　016
02 가만히 있어도 인재를 채용할 수 있는 시대는 끝났다　018
03 기업이 우위에 있다는 잘못된 인식을 버려라　020
04 인재가 없어서 채용하지 못한다고 변명해서는 안 된다　022
05 지원자는 날카로운 눈으로 기업을 평가한다　024
06 경영 계획과 함께 중기적 인사 계획을 세워야 한다　026
07 모집 인원수에 맞춰 사원을 채용하면 망한다　028
08 채용하고 싶은 인재의 능력과 적성을 구체화해라　030
09 채용 경비와 효율을 의식하라　032
10 회사의 강점과 매력을 알려라　034
11 근무 환경 문제를 방치하고는 인재를 채용할 수 없다　036
12 의욕을 높이는 급여 체계와 승진 제도를 만들어라　038
13 일과 연관된 연수 제도를 만들어라　040
14 경영자와 임원을 채용 업무에 끌어들여라　042
15 '당신을 원한다'는 마음이 전해져야 한다　044
16 고용 형태의 다양화가 미치는 영향을 알고 있어야 한다　046
17 준사원, 계약사원, 위탁사원 활용 방법　048
18 인재파견업체를 활용하는 방법　050
19 파트타이머와 아르바이트생을 채용할 때 중요시해야 할 점　052

2장 채용별 특징과 모집 방법

20 신입사원과 경력사원 각각의 채용 방법을 알아야 한다 056
21 고졸사원 채용의 장단점 058
22 고졸사원을 채용하려면 060
23 고등학생은 업무 내용, 조건, 선배 유무에 관심이 많다 062
24 대졸사원 채용의 장단점 064
25 대졸사원 채용은 장기전 066
26 유학파 인재의 장단점 068
27 경력자 채용의 장단점 070
28 경력은 짧지만 주목할 만한 신입사원 072
29 경력자는 회사에서 원하는 인재에 맞는
   구인 방법으로 찾아라 074
30 이메일은 지원자 마음을 사로잡는 도구 076
31 '당신이 필요하다'는 헤드헌팅 방식으로 채용하자 078
32 인재 채용에 전 직원을 동원하라 080
33 채용박람회를 활용하라 082
34 회사 홈페이지를 활용하라 084
35 고용지원센터를 활용하라 086
36 아웃소싱업체를 활용하라 088
37 구인 사이트를 활용하라 090
38 신문, 구인 정보지, 구인 전단지를 활용하라 092

3장 면접과 채용 시험에서 놓치지 말아야 할 것들

39	정규직 사원을 채용할 때 중요시해야 할 점	096
40	고졸사원 채용에서는 일에 대한 의욕을 중요시하라	098
41	고졸사원 면접에서는 특히 질문 사항을 주의하라	100
42	대졸사원 채용에서는 회사에 대한 진심을 파악하라	102
43	설명회와 면접에서 지원자 마음을 잡아라	104
44	민첩하게 대처할 수 있는지 파악하라	106
45	이직 희망자가 바라는 것을 파악하라	108
46	과거에 얽매이지 말고 회사에 기여할 수 있는지에 눈을 돌려라	110
47	20대 이직 희망자를 채용할 때 중요시해야 할 점	112
48	30대 이직 희망자를 채용할 때 중요시해야 할 점	114
49	중·고령 이직 희망자를 채용할 때 중요시해야 할 점	116
50	이력서와 직무경력서에서 읽어내야 할 것	118
51	적성검사를 하고 필기시험을 치르는 이유	120
52	필기시험은 점수만으로 판단하지 말자	122
53	면접관은 기업의 대표다	124
54	지원자에게 공감을 표하며 신뢰관계를 구축하라	126
55	첫인상으로 결정하지 마라	128
56	면접관의 기호를 기준으로 채용 여부를 결정하지 마라	130
57	보이지 않는 언어를 눈여겨보라	132
58	말 외의 것들에서 읽어내야 할 것	134

59	함께 식사하며 지원자의 본모습을 파악하라	136
60	커뮤니케이션 능력을 파악하라	138
61	여러 면접관을 통해 지원자의 배려심을 파악하라	140
62	지원 동기로 기업에 대한 기여도를 파악하라	142
63	지원자가 상상한 3년 뒤 모습으로 회사에 대한 생각을 파악하라	144
64	퇴사 이유를 들어 조직 적응력과 인내심을 파악하라	146
65	장단점을 물어 자기 분석력이 있는지 파악하라	148
66	지원자의 질문을 들으면서 회사에 대한 열의를 파악하라	150
67	압박면접으로 스트레스 내성을 파악하라	152
68	지원자가 대답을 미리 준비하지 못했을 질문을 하라	154
69	대졸 신입사원 채용에서는 아르바이트 경험을 물어라	156
70	휴일을 어떻게 보내는지 확인하라	158
71	지원자에 대한 주위 사람들의 평가가 어떤지 물어라	160
72	평소에도 그런 모습인지 직설적으로 물어라	162
73	좌우명을 물어라	164
74	다른 기업에도 지원했는지 물어라	166
75	최근 읽은 책과 잡지에 대해 물어라	168
76	살면서 가장 싫었던 일은 무엇인지 물어라	170
77	먹는 것을 좋아하는지 물어라	172
78	멘토로 생각하는 사람이 있는지 물어라	174

4장 인재의 합격과 입사 후 관리

- 79 합격한 뒤에는 자신의 선택이 틀리지 않았는지 고민한다 … 178
- 80 불합격을 통지하는 방법 … 180
- 81 합격자가 제출할 서류 … 182
- 82 사후 관리가 채용 심사보다 중요하다 … 184
- 83 사원을 받아들일 준비를 하자 … 186
- 84 첫날, 일주일, 3개월째를 주의하자 … 188
- 85 사수 제도를 활용해 입사자가 안심할 수 있게 하라 … 190
- 86 신입사원 연수에서 비즈니스 매너, 팀워크, 귀속의식을 교육하라 … 192
- 87 OJT 연수에서 실무 능력을 쌓게 하라 … 194
- 88 신입사원이 일을 못한다는 부서의 불만을 그대로 받아들이지 마라 … 196
- 89 '그만두고 싶다'고 말하기 전에 사원의 마음을 읽어야 한다 … 198
- 90 확실한 인사 제도를 만들어라 … 200

부록

- 01 채용에 관한 근로기준법 정리 … 204
- 02 신입사원 채용과 경력자 채용의 차이점 … 207
- 03 고용계약서를 작성하고 입사 전에 면담하자 … 209
- 04 이직자들과 상담한 내용 … 211
- 05 신중하게 끝까지 확인해야 할 구직자 타입 … 214
- 06 신입사원 채용 면접의 체크 리스트 … 218
- 07 경력자 채용 면접의 체크 리스트 … 221

맺으면서 226

Talented man

1장

채용 업무 전 인사담당자가 알아야 할 것들

01
Talented man

인사담당자의 자질

인사담당자의 자질 가운데 가장 중요한 것은 다른 사람에게 관심이 많으며 사람을 좋아해야 한다는 것이다. 사람을 좋아하는 인사담당자라면 지원한 사람들의 기분을 잘 알아 그 사람이 행복하길 바라는 마음이 생겨나기 마련이다. 인사 업무는 누구든 할 수 있지만 채용 업무를 기술적으로만 하면 지원자의 마음을 잡지 못해 인재를 놓칠 수도 있다.

회사에 공헌할 수 있는 인재를 확보하는 것은 인사담당자의 사명이다. 이 사명을 이루기 위해 지원자의 마음을 자기 회사로 향하게 하는 것이 무엇보다 중요하다. 지원자는 면접관의 말이나 표정에서 그들이 자신을 얼마나 필요로 하는지 읽고 마음을 정하기 때문에 지원자 마음을 어떻게 움직이느냐는 결국 인사담당자에게 달렸다.

회사의 동력이 될 수 있는 인재를 확보하기가 어려운 시대에 인사담당자는 고용 형태의 다각화와 지원자의 지원 동기 등으로 시대를 읽고 이에 맞춰 채용 방법에 변화를 주어야 한다. 여기에서 기본이 되는 것은 지원자와 만난 것에 감사하며 호감을 갖고 면접하는 것이다.

인사담당자가 근무환경에 대해 회사 눈치만 본다면 우수한 사원은 절대로 채용할 수 없다. 사원의 의욕을 높이는 것만으로도 현재보다 더 많은 이익을 창출할 수 있다는 점을 인사담당자는 알아야 한다. 사원들이 신나게 일할 수 있는 환경을 구축하는 것은 회사 이익을 높이는 일종의 투자다.

앞으로는 전문가들의 시대다. 따라서 인사담당자의 자질에 따라 기업의 번영이 좌우된다고 해도 지나친 말이 아니다. 인사담당자는 항상 채용 업무를 담당한다는 사실에 긍지를 갖고 다른 회사에 밀리지 않는 인재를 확보하기 위해 에너지를 최대한 쏟아야 한다. 그러려면 기본적으로 인사담당자가 다른 사람에게 관심을 가져야 한다.

생각과 달리 채용이 잘되지 않아 고민스럽다면 지원자 처지에서 바르다고 생각하는 일들을 적극적으로 행동에 옮겨야 한다. 한창 주가를 올리는 기업들이 앞으로도 계속해서 승승장구한다고 보장할 수 없다. 현재 인재를 채용하기 어려운 기업이라면 지원자들이 몰리는 기업이 되기 위해 인사담당자가 다시 생각해보고 실천하는 길밖에 없다.

나를 통해 채용된 인재가 우리 회사에서 일할 수 있어서 정말로 행복하다며 신나게 일한다고 말해줄 때 나는 보람과 기쁨을 맛보았다. 다른 사람들의 행복을 내 기쁨으로 여기며 뒤에서 받쳐주는 인사담당자의 역할은 누구나 할 수 있는 것이 아니다. 사람의 인생을 좌우하는 채용 업무는 기업과 지원자에게 큰 책임을 지는 일이라는 사실을 잊어서는 안 된다.

> **Point**
> - 사람을 좋아해야 채용 업무를 진정으로 해낼 수 있다.
> - 인사담당자는 기업과 지원자의 미래를 짊어지고 있다.

가만히 있어도 인재를
채용할 수 있는 시대는 끝났다

항상 구직난이 심각하다고들 말하지만 이제는 인재를 구하기 어려운 시대로 바뀌고 있다. 구직난이라면 기업이 구인광고를 내는 것만으로도 지원자들의 질적인 면은 별도로 하더라도 구직자가 많이 몰려 기업이 우위인 상황에서 인재를 채용한다. 하지만 인재 채용 관점에서 볼 때 대기업이든 중소기업이든 모든 기업은 지금도 구인난에 처해 있다.

고용 형태나 생활 방식의 다양화, 잦은 이직 등 갈수록 빠르고 복잡하게 변하는 시대가 된 오늘날, 기업마다 회사에 맞는 인재를 찾기란 어려운 일이다.

일본에서는 대기업조차 신입사원 모집에서 목표 인원만큼 확보하지 못하는 경우가 많다. 그래서 부족한 사원을 경력자로 채우거나 경력이 짧아 신입에 가까운 이직자를 뽑는다. 인사담당자 중에는 인재를 채용하기가 아무리 어렵다고 해도 구인광고를 내면 사람들이 모여들기 때문에 그중에서 채용하면 된다고 하는 구태의연한 기업 우위를 내세우는 사람들도 있다.

그들은 인재 채용이 중요하다는 사실을 막연하게 알지만 회사에 맞는 인재를 채용하기가 어려운 것을 여러 현실 탓으로만 돌리고 아무것도 바꾸려 하지 않는다.

기업은 건물만 멋있다고 훌륭한 것이 아니다. 현재 자금력이 있으니 앞으로도 무사할 것이라는 보증은 아무도 할 수 없다. 기업의 가치는 그곳에서 일하는 모든 인재의 손에서 좌우되기 때문이다.

나는 '인재(人材)는 기업의 재산인 인재(人財)'라고 생각한다. 우수한 인재를 확보하지 못한 기업은 곧바로 눈에 띄게 상황이 악화되지는 않더라도 조금씩 쇠퇴해서 몇 년 뒤에는 없어져버릴 여지도 있다. 인사담당자가 시대를 정확하게 읽고 채용 방법을 수정하여 인재를 확보하기 위해 필사적으로 뛰지 않으면 그 기업에게 내일은 없다.

인사담당자는 이 시대에 인재를 채용하기가 정말 어렵다는 사실을 심각하게 인식하길 바란다. 또 출산율이 급속히 낮아지는 것을 생각한다면 경제 상황이 상당히 악화되지 않는 한 수적인 면의 구인난도 심각해질 것이다.

가만히 있어도 인재를 채용할 수 있는 시대는 끝났다. 이제부터는 기업 발전을 위해 필요한 인재를 확보하느냐가 기업의 존속에도 영향을 미칠 것이다. 인재를 뽑을 수 없기 때문에 사원수만 늘려 인건비만 축낸다면 회사는 이익 면에서 크게 압박을 받을 것이다. 기업의 번영과 그곳에서 일하는 사원의 행복은 채용과 관련된 사람들의 손에 달려 있다고 해도 지나친 말이 아니다.

Point
- 인재를 채용하기 어려운 시대라는 것을 심각하게 인식해야 한다.
- 노동 인구 감소라는 사실도 진지하게 받아들여 대책을 세울 필요가 있다.

03
Talented man

기업이 우위에 있다는
잘못된 인식을 버려라

인사담당자를 대상으로 세미나를 열면 기업이 우위에 있다는 인식을 바탕으로 채용 업무를 하는 사람들이 많다는 사실에 새삼 놀라게 된다. 분명히 채용 여부는 기업이 결정하지만 입사할지 말지 최종적으로 결정하는 것은 지원자다. 인사담당자가 채용해주는 것이라고 생각하며 사원을 고르는 한 우수한 인재는 확보할 수 없다고 단언할 수 있다.

지원자가 그 회사 말고도 좋은 회사가 많다고 생각한다면 마지못해 입사하고 싶지는 않을 것이다. 합격되었다 해도 그 회사에 가지 않는 경우도 많다. 지원자가 합격한 뒤 입사하지 않는 비율을 인사담당자는 알고 있는가?

합격하고도 입사하지 않을 경우 합격자가 인재가 아니었다고 변명을 늘어놓는 데 급급한 인사담당자들이 있다. 지원자가 여러 기업에 동시에 합격했기 때문에 입사하지 않는 경우가 생길 수밖에 없지만 이러한 일이 잦다면 인사담당자나 기업에게 매력이 없다고 할 수 있다.

지원자가 합격한 뒤 입사하지 않는 상황을 인사담당자가 문제라고 느끼지 않으면 우수한 인재를 확보할 수 있는 토양은 절대로 만들어질 수 없다. 인사담당자는 기업과 지원자 가운데 어느 쪽이 우위에 있다고 생각하지 말고 많은 기업 가운데 우리 회사에 지원해준 지원자들에게 감사하며 업무 내용을 성심성의껏 설명해야 한다.

그리고 지원자가 1지망 업무 외에 기쁘게 2지망 업무도 할 수 있겠다고 만들 수 있을 정도의 열의가 인사담당자에게 필요하다. 자신이 우위에 있다고 생각하는 인사담당자는 당연히 면접에서도 고압적인 자세를 취하게 된다. 채용할지 안 할지는 자신이 정한다고 생각하기 때문에 이런 자세와 말투, 행동이 나타나는 것인데, 이는 상대방도 느끼게 된다.

지원자가 능력이 별로 없어 보인다고 평가하는 것은 회사 동료들과 함께 일을 잘할 인재인지 아닌지를 놓고 채용 여부를 판단하는 것이기 때문에 어디까지나 회사에서 원하는 업무나 적성에 따른 기준에 불과하다. 별 볼일 없어 보여 회사에서 채용하지 않은 지원자가 다른 회사에서는 없어서는 안 될 인재로 활약하는 경우가 많다.

기업의 이미지는 인사담당자가 결정짓는다고 해도 지나친 말이 아니다. 구인광고나 홈페이지에 아무리 멋지고 훌륭한 글을 올려놓아도 인사담당자의 고압적인 자세와 말투만으로 회사의 인상은 달라진다.

지원자의 처지나 경험에 공감하고 지원자를 존중해야 한다. 상대방을 존중하는 자세는 반드시 상대방에게 전해진다. 지원자가 합격했는데도 입사하지 않을 경우 기업은 인사담당자가 채용을 어떻게 생각하는지 확인해볼 필요가 있다.

Point
- 채용 업무의 중심은 지원자와의 교섭이라는 것을 이해해야 한다.
- 지원자가 합격하고도 입사하지 않는 경우가 많은 기업은 채용 방법과 인사담당자의 능력을 검증할 필요가 있다.

04
Talented man

인재가 없어서 채용하지 못한다고 변명해서는 안 된다

앞에서도 이야기했지만 인사담당자 가운데는 인재가 지원하지 않았기 때문에 인재를 채용하기 어렵다고 말하는 사람들이 있다. 이런 사람들의 말은 어떻게 해서든 인재를 채용하고자 하기보다는 채용을 못하더라도 자신은 어쩔 수 없다는 무능력한 변명으로밖에 들리지 않는다. 인사 업무는 영업과 달리 채용을 잘하지 못하더라도 심각하게 평가하지 않는 풍조가 만연해 있기 때문이다.

영업 실적이 좋지 않은 영업담당자는 회사에서 살아남지 못하지만 채용을 잘하지 못하는 인사담당자는 '회사의 조건이 나쁘다', '원래 구직자들에게 인기가 없는 직종이다', '인재가 지원하지 않는다' 는 식으로 변명하면서 살아남을 확률이 높다. 인사담당자는 선택하는 사람이라고 생각하며 일하기 때문에 인재를 잘 채용하지 못해도 채용 기준이 엄격해서 그렇다는 변명이 통하는 것이다.

구직자 수가 절대적으로 준다면 채용 자체가 어려워지겠지만 모든 기업이 채용하지 못하는 것은 아니다. 대기업이기 때문에 사람이 넘치는 것이 아니다. 벤처기업이나 중소기업 가운데 우수한 인재를 확보하는 기업은 얼마든지 있다.

채용을 잘하지 못하는 것은 기업 규모나 지명도뿐만 아니라 인사담당자가 지원자에게 쏟는 열의가 부족하기 때문이다. 열의가 부족하면 지원자의 만족감이나 행복 등까지 생각할 리가 없다.

지금까지는 인사담당자의 실적이나 능력에 크게 관심을 보이지 않던 기업도 인재가 절실해지는 상황이 되면 인사담당자를 확실히 평가하게 된다. '어떤 일이든 하겠다는 열정을 지닌 지원자가 없어서 채용이 잘 안 된다'는 변명은 통하지 않게 되는 것이다.

이렇게 변명하는 사람들 중에는 아무런 대책도 세우지 않는 이들이 많다. 회사에서 자기 자신을 지키는 것만 생각하며, 채용을 잘하지 못했어도 기업에서 살아남는 방법은 변명뿐이라고 착각하는 것이다.

구인광고업계는 인터넷이 보급되면서 큰 변동을 겪고 있다. 이제는 구인 사이트가 대학 졸업자, 이직자와 기업을 연결해주는 매체로 자리 잡고 있다. 게다가 아웃소싱업체나 인재파견업체가 늘어나 사람을 모으는 프로들이 등록자를 늘리려고 필사적으로 노력하고 있다.

기업의 인사담당자가 인재가 없다고 탄식할 때도 그들은 인재를 끌어들이기 위해 갖은 방법을 생각하고 실행한다. 책상에 가만히 앉아서 인재가 연락하기를 바라는 인사담당자는 몇 년 뒤 기업에서 도태되어 존재 가치가 없는 직원이 될 것이다.

현실을 탓하기 전에 어떻게 하면 인재를 채용할 수 있을지 진지하게 생각하고 실천에 옮기는 것이 중요하다.

Point
- 인재가 몰리는 기업은 반드시 있다.
- 인사담당자의 역량이 시험대에 오르는 시대라는 것을 인식해야 한다.

05
Talented man

지원자는 날카로운 눈으로 기업을 평가한다

일반적으로 채용은 기업에서 필요한 인재를 선별하는 것이라고 생각하지만 지원자도 입사할 만한 기업인지 꼼꼼히 평가한다. 특히 20대 이직 희망자 가운데 많은 수가 신입사원으로 입사한 기업에서 짧은 기간 일하고 퇴직한 것에 괴로워하기 때문에 이와 같은 실패를 반복하고 싶어 하지 않는다.

그래서 이직을 신중하게 생각하며, 지원하는 회사의 본모습을 파악하고 싶어 하는 마음이 크다. 구인 사이트에서 회사의 구인 요강 등을 보면서 각 회사에 대해 자세히 알 수 있어서 힘든 과정을 거쳐 한 회사에 합격해도 그보다 더 좋은 회사가 있으면 다른 곳을 선택하겠다는 지원자도 있다.

취직에 실패한 구직자는 전 직장에서 불신감이나 불만이 생겨 그때와 같은 문제는 없는지 등 지원한 회사를 까다롭게 평가한다. 기업은 이익을 창출해야 존속할 수 있다. 즉 이익을 창출하는 사원이 없으면 존속할 수 없다. 지원자 가운데는 야근 수당이 없다, 원하는 직종이 아니다, 고용 형태가 구인 요강과 다르다는 등 기업을 불신해 입사하지 않는 이들도 있다.

인재를 고른다는 관점에서 볼 때 구인은 인사담당자에게 중요하지만 동시에 지원자도 기업을 고른다는 점을 잊어서는 안 된다. 지원자의 질문에는 성의 없이 대답하고, 채용 시험이 오래 계속되며, 의미도 없이 면접을 몇 번이나 반복하여 위화감을 주는 순간 구직자는 다른 회사를 찾아간다는 것을 기억하자.

그렇다고 해서 지원자가 회사를 평가하여 100퍼센트 만족스러운 곳만 찾겠다는 것은 아니다. 환경이나 조직 체계가 완벽한 기업은 아주 드물다. 그렇기 때문에 인사담당자는 회사가 완벽하지 않다는 것을 인정하고 더 좋은 환경과 조직을 구축하려고 한다는 자세를 전달하는 것이 중요하다.

현재 상황에 대해 거짓말하거나 사실을 말하지 않는 인사담당자들이 있다. 그런데 입사해서 사실을 알게 되면 속았다고 생각해 바로 퇴사하는 사원도 많다는 사실을 잊지 말자. 불가능한 점에 대해 인사담당자에게서 설명을 충분히 들어 현 상태를 알고 입사한 사원은 회사에 정착하는 비율과 일하려는 의욕이 높다. 회사를 개혁하고 개선하면서 자신의 존재 가치를 느낄 수 있는 일을 한다고 생각하기 때문이다.

지원자는 항상 기업을 평가한다는 점을 생각하면서 동료로서 필요한 인재인지를 확인하는 것이 필요하다.

Point
- 기업이 인재를 선택하는 시대에서 선택받는 시대로 변하고 있다.
- 구직자와 신뢰관계를 구축하는 것이 인재 확보로 이어진다.

06
Talented man

경영 계획과 함께 중기적 인사 계획을 세워야 한다

채용 업무는 크게 신입사원 채용과 경력자 채용으로 나눌 수 있다. 신입사원 채용은 채용하려는 인원수를 정해두는 경우가 많지만, 경력자 채용은 일반적으로 결원이 생기거나 신규 프로젝트를 시행하는 등 실무에 바로 투입해야 할 때 하는 경우가 많다.

그러면 채용할 때 회사에서 원하는 인재를 어떻게 확보하는지 생각해보자. 경력자라면 원하는 업무 능력이 명확하기 때문에 이를 바탕으로 어느 정도 판단할 수 있지만, 신입사원은 업무 능력이 어떤지 알 수 없기 때문에 전공과 일에 대한 의욕, 학생 시절의 경험 등으로 평가하게 된다.

원하는 인재를 고를 때는 어떤 인재가 회사에서 활약할 수 있는지 구체적으로 알아야 한다. 우수한 인재라도 오랫동안 일하지 못하고 그만두면 회사에서는 어떠한 이익도 얻지 못하고 채용 비용만 낭비하게 된다.

사풍에 적응하지 못한다면 아무리 우수한 인재라도 회사에 이익이 되도록 활용할 수 없다. 즉 사원을 채용했어도 바로 그만두는 일이 잦은 회사는 항상 결원을 보충하기 위해 채용하지만 그 뒤 바로 회사 이익을 창출하는 데 기여하기가 어려울 뿐만 아니라 경비를 지출하니 오히려 손해를 보는 것이다. 그래서 인사담당자는 사원이 회사 이익에 기여하기까지 어느 정도 기간이 필요하다는 것을 늘 염두에 두고 인사 계획을 세워야 한다.

인사담당자는 경영 계획과 함께 중기(3~5년)에는 어떤 인재가 필요할지 파악하고 인사 계획을 세워야 한다. 사원의 갑작스러운 퇴직에 따른 경력자 보충뿐만 아니라 신입사원과 정년 퇴직자를 고려한 인사 계획도 세워야 한다. 여기에는 채용에 따르는 비용이나 채용 후 인건비 산출도 포함되어야 한다.

'인재 채용이 때마다 다르니까' 라는 말로 채용 인원이나 이와 관련된 사항을 대충 산정하여 채용 경비를 계산하는 기업은 항상 채용에 경비를 쓰지만 우수한 인재를 키우지 못하는 경우가 많다.

인사 계획을 세울 때는 사내 업무 환경 정비, 취업 규정 개정 등도 포함해 검토해야 한다. 채용을 잘하지 못하거나 기존사원들이 일찍 그만두는 회사의 경우 인재가 모여들지 않거나 열심히 일하지 않을 만한 이유가 반드시 있다. 그러나 인사담당자가 이것을 구직자나 그만둔 직원들 탓으로 돌리고 기업 체질을 개선하지 않는다면 그는 인사담당자로서 실격이다.

'지금 바로 할 수 있는 것', '중기적으로 개선할 수 있는 것'을 검토하여 어떻게 채용해야 할지 생각하고 실행에 옮기는 회사가 인재(人材)를 인재(人財)로 활용하는 곳이라고 할 수 있다.

Point
- 중기적 인사 계획을 세워야 한다.
- 먼저 나서서 사내 업무 환경을 개선할 필요가 있다.

07
Talented man

모집 인원수에 맞춰
사원을 채용하면 망한다

직원이 퇴사해 결원이 생겼으니 빠른 시간 안에 보충해달라는 요구가 있을 경우 원하는 인재와 달라도 어느 정도 타협하여 직원을 채용하는 회사가 있다. 채용 기준이 명확하다면 현실과 타협해 채용할지를 따질 수는 있겠지만 채용하고 싶은 인재가 없어도 다시 모집할 시간과 경비를 고려한다면 어쩔 수 없다고 판단하여 입사자를 결정하는 것이다.

신입사원이라면 입사까지 기간을 길게 잡고 채용할 수 있지만 경력자는 바로 채용해야 할 때가 많기 때문에 인사담당자가 현실과 타협해 판단하는 경우도 적지 않다. 이전에 나는 정규직원을 한 달에 50명 채용해야 할 때가 있었다. 아무리 해도 회사에 맞는 인재로 인원수를 채울 수 없어 어쩔 수 없다고 변명하면서 적당히 인원수를 맞춰 채용한 적이 있다.

입사시험에서 평가 점수가 낮은 사람이 입사 뒤 능력을 발휘하는 일도 가끔 있지만 채용 전형에서 전혀 이해할 수 없는 지원자를 무리하게 채용하다 보면 지원자 대부분이 회사를 오래 다니는 비율이 낮고, 그 부서 사람들에게도 불만스러운 말을 듣는 일이 많다.

사람이 사람을 평가한다는 것은 쉬운 일이 아니다. 특히 평가 기준이 확실하지 않으면 면접관의 싫고 좋음을 바탕으로 직원을 채용하는 회사도 있다. 그럴 때 업무 의욕과 업무 능력이 낮은 사람이 점점 많아져서 기업의 체질이 순식간에 변해버릴 수도 있다.

합격자가 기업이 원하는 인재와 다르고 그 사원이 일을 잘할 수 있도록 키울 방법이 없다면 채용하지 말아야 한다. 인사담당자가 어쩔 수 없이 채용했다고 생각한다면 '능력 없는 사원'이 '능력 있는 사원'으로 바뀔 일은 없다.

채용 숫자만 맞추는 것은 윗분들에게 문제가 없는 것처럼 보이려는 부정적 채용이라고 할 수 있다. 인사담당자는 자신이 뽑은 인재에게 책임감을 느껴 다른 사원들에게서 좋지 않은 평가를 듣더라도 그 사원을 채용하게 된 이유를 명확히 설명하고 사원 채용에 신념을 가져야 한다. 상황에 따라 현실과 타협해 어쩔 수 없이 채용했다면 사원의 자질이 떨어지거나 일에 대한 의욕이 떨어지는 것은 어쩔 수 없다.

우수한 인재를 채용할 수 없는 것은 기업이 힘이 없기 때문만이 아니라 인사담당자의 자질이 부족하기 때문인 경우가 많다. 인사담당자가 인원수만 확보하면 문제가 없다고 생각하며 채용하는 한 우수한 인재는 확보할 수 없다.

채용하기로 한 인원수에만 맞추어 채용하지 않기 위해서는 인사담당자의 자질, 기업의 체질, 채용 조건 등을 항상 고려하고, 취업시장을 바탕으로 융통성 있게 대응해야 한다.

Point
- 인재를 채용할 때 현실과 타협하는 순간 기업은 쇠퇴하기 시작한다.
- 취업시장을 분석해 기존의 채용 방법을 개선해나아가야 한다.

채용하고 싶은 인재의
능력과 적성을 구체화해라

인재를 효과적으로 활용하려면 채용하고자 하는 인재의 업무 능력과 적성을 구체화할 필요가 있다. 구인광고를 마친 뒤 예상하지 못한 경력자가 지원하는 일도 있지만 그 전에 어떤 인재가 필요한지를 인사담당자가 파악하지 못했다면 입사 뒤 문제가 발생할 확률이 높다.

특히 경력자를 채용할 때 결원이 생겼다는 이유만으로 구인광고를 내고 지원자에 따라서 채용 여부를 결정하는 방법은 회사가 원하는 인재가 지원하지 않았을 경우 현실과 타협하여 채용할 위험성이 있다.

기업에는 다양한 사풍이 있다. 우수한 인재라도 몇 년 뒤에는 그만둘 사람을 인사담당자는 얼마나 파악하고 있는가? 채용하는 데만 정신을 집중할 것이 아니라 퇴직자의 경향과 능력을 발휘하는 사원의 경향을 파악해 회사가 채용하고 싶어 하는 인재를 이미지화하는 것이 필요하다.

신입사원 채용에서 적성을 본다는 것은 일에 대한 의욕뿐만 아니라 선배사원과 커뮤니케이션할 수 있는 인재인지 보는 것이다. 신입사원 채용에서는 회사 설명회의 일환으로 선배사원과 식사모임 등을 하는 것도 하나의 방법이다.

선배사원과 친해질 수 있는 인재인지는 지원자 본인의 능력 이상으로 중요한 경우가 있다. 선배사원과 이야기할 때 지원자가 긴장을 풀고 자신의 취업 활동 상황이나 미래에 대해 진심을 이야기하는 일도 많다. 사풍을 받아들일 수 있는 인재인지는 신입사원을 채용할 때 특히 확인해야 할 중요한 요소다.

경력자를 채용할 때 경험이 있기 때문에 문제가 없다고 생각하는 사람도 있지만 직무경력서에 기재되어 있는 내용을 얼마만큼 신뢰할 수 있는지는 지원자와 대화하거나 필요하면 필기시험을 병행해서 확인해야 한다.

채용하고 싶은 인재상이 확실하지 않다면 구인광고도 막연하게 하기 때문에 지원하려는 사람들에게 기업의 생각이 제대로 전달되지 않는다. 반면 구인광고의 문구에 인사담당자의 생각을 잘 정리하여 표현해놓는다면 광고를 보는 사람들에게 일하고 싶은 마음을 줄 수 있다.

구인광고를 본 지원자들의 반응은 매일매일 다르겠지만 여기에서 분명한 것은 인사담당자의 열의가 구인광고에도 나타난다는 것이다. 회사에 새 바람을 일으킬 인재가 필요하다면 회사에 어떠한 바람을 일으켜야 하는지 인사담당자는 알고 있어야 하며, 이를 구인광고에 효과적으로 나타낼 줄 알아야 한다.

Point
- 회사가 원하는 인재를 구체화함으로써 자사의 인재를 찾을 수 있다.
- 사풍과 지원자의 성격, 적성이 맞는지 파악해야 한다.

채용 경비와 효율을 의식하라

직원 한 사람당 채용 경비가 얼마나 드느냐는 질문에 바로 답할 수 있는 인사담당자는 의외로 많지 않다. 게다가 회사의 평균 근무 연수를 정확하게 답할 수 있는 사람은 더욱 적다. 인사 관련 업무에는 비밀스러운 부분이 많다고는 하지만 비용을 많이 들여 직원 한 사람을 채용하면서 그가 아무 실적도 남기지 않고 그만두는 현실에 누구도 문제의식을 갖고 있지 않는 회사는 분명히 쇠퇴할 것이다. 어느 시대든 기업 발전에 기여하는 인사담당자는 구직자의 심리를 생각하며 구인광고를 하고, 필요하면 사내 체제를 바꿀 정도로 각오를 단단히 해야 한다.

10여 년 전 구인난으로 신입사원을 어떻게 채용할지 고민하던 때가 있었다. 내가 일하던 회사는 대기업도 아니고 구직자들이 볼 때 그렇게 매력적인 회사도 아니어서 구인 예산의 절반가량을 신입사원을 채용한 직후 해외연수 비용으로 사용하자고 제안했고, 이를 실행에 옮겼다.

글자를 여러 가지 색으로 하는 대신 검은색 한 가지로 했고 종이 크기도 줄였지만 해외연수제도를 소개하는 멋진 문구 덕분에 예상보다 많은 사람이 지원하여 우수한 인재들을 확보할 수 있었다.

채용 업무는 영업과 닮은 면이 있기 때문에 고객 심리를 구직자 심리로 바꾸면 이해하기가 쉽다. 인사담당자 가운데는 경영자가 완고해서 회사

체제를 바꿀 수 없다고 한탄하는 이들이 있는데, 이들이 정말로 지원자 한 사람, 한 사람을 소중하게 생각하는지 의문이 든다.

사원이 바로 그만두는 회사는 반드시 어딘가 문제가 있다. 신입사원은 회사에 기여하려는 열의를 갖고 출근하기 마련이다. 그런데 회사 체제나 선배사원의 실태를 보고 오래 다닐 회사가 아니라고 생각해 퇴사하면 아무리 광고비를 들여 채용해도 비용대비 효과는 기대할 수 없다. 인사담당자는 사원을 채용했다고 해서 일이 끝난 것이 아니다. 회사 비용을 들여 채용한 인재가 경비 이상의 일을 한 시점에서 인사담당자의 일이 평가받는다는 사실을 알아야 한다.

지금까지 써온 구인 방법을 반드시 다시 살펴보고 고쳐나가길 바란다. 오늘날은 인터넷을 중심으로 구인 방법이 많이 달라졌다. 종이 매체가 나쁘다고 생각하지는 않지만 이전만큼 바라던 인재는 확보할 수 없다.

그러는 한편, 이제는 회사에서 직접 구인하는 방법뿐만 아니라 아웃소싱업체를 활용하는 방법도 있다. 비용이 더 든다고 해서 이용하지 않는 기업이 있는데, 구인 광고비와 아웃소싱업체에 지불하는 비용 그리고 무엇보다 중요한 사항으로 어떤 인재를 확보할지를 포함해 검토할 필요가 있다.

Point
- 인사담당자의 업무도 실적이 중요하다는 것을 인식하자.
- 1인당 채용 경비를 명확히 하여 비용대비 효과를 검증해야 한다.

10
Talented man
회사의 강점과 매력을 알려라

인사담당자가 회사에 불신감을 갖고 있으면 지원자에게 자기 회사의 강점과 매력을 알릴 수 없다. 완벽한 기업 같은 것은 존재하지 않지만 문제가 있어도 해결하기 어렵다는 이유로 방치해두느냐, 앞으로 좋은 회사가 되도록 개선책을 찾아가느냐에 따라 지원자에게 주는 인상은 크게 달라진다. 기업은 어떤 업종이든 사회가 인정해주는 방법으로 이익을 내게 된다.

인사담당자는 자기 회사와 다른 회사를 비교해 독자성, 업종의 강점, 미래성 등을 충분히 파악하여 지원자가 이해할 수 있도록 설명해야 한다. 인사 업무를 하다보면 퇴사를 생각하는 사원이 일하는 모습을 보고 이상하다고 느낀 적이 있을 것이다.

입사 당시에는 표정도 밝고 의욕 넘치던 사람이 퇴사가 결정되면 일을 적당히 하려 하고, 일이 잘 풀리지 않으면 어쩔 수 없다고 그냥 넘어가는 것이다. 인사담당자가 이런 사원들처럼 회사에 애정이 없다면 지원자는 매력 없는 기업이라고 평가하게 된다.

회사에 좋은 점이 전혀 없어서 우수 인재를 채용하지 못한다고 한탄하는 인사담당자는 직무태만이라고 할 수밖에 없다. 동료를 채용하는 것이므로 모두 좋은 기업을 만들려는 생각으로 일해야 한다.

좋은 회사를 만들기 위해 새로운 인재를 투입하고 싶다는 생각이 든다면 회사의 강점과 약점을 지원자에게 설명하고 앞으로 함께 만들어가고 싶은 기업의 모습을 열심히 설명할 수 있다.

경력자 면접에서 '왜 우리 회사에 지원하셨나요?' 는 인사담당자들이 거의 빠짐없이 하는 질문이다. 이 질문은 다른 회사들 중에서 왜 자기 회사를 선택했는지 확인하고 지원자의 생각을 파악하기 위해서 하는 것이다.

그렇다면 인사담당자인 자기 자신에게 '왜 이 회사에서 일하는가?'라고 질문해보기 바란다. 자기 회사이기 때문에 일하는 의의를 찾을 수 있는 인사담당자는 경영자와 같은 자리에서 회사를 생각할 수 있는 인재다.

지원자 단계에서는 기업에 대한 의리나 정 같은 것은 전혀 없다. 지원자는 인사담당자의 말과 태도, 표정에서 기업의 매력을 찾기 때문에 회사에 대한 인사담당자의 생각은 무엇보다 중요하다.

인사담당자는 영업담당자와 공통된 부분이 있다고 서술했는데, 구체적으로 대입해보면 회사가 바로 상품이다. 또 회사의 강점과 매력을 지원자에게 이해시키지 않으면 고객이 상품을 구입하고 싶지 않다고 생각하는 것처럼 지원자가 입사하고 싶지 않다고 생각하게 된다.

회사의 강점, 매력, 약점을 각각 써보길 바란다. 인사담당자는 우수한 인재를 확보해야 하는 사명이 있으며, 인재를 확보하지 못하면 기업의 활기는 없어지고, 결국 쇠퇴한다는 것을 명심해야 한다.

Point
- 구직자들에게 알릴 회사의 매력을 찾아보자.
- 지원자가 독자적으로 지원 동기를 말하지 못한다면 인사담당자의 설명이 부족하기 때문이라고 생각할 수 있다.

11
Talented man

근무 환경 문제를 방치하고는 인재를 채용할 수 없다

이직하려는 사람들 중에는 근무 환경이 너무 좋지 않아 퇴사를 생각한다는 사람들이 많다. 특히 야근과 관련된 문제가 많은 부분을 차지한다. 야근을 아예 하지 않겠다는 의미는 아니지만 매일 야근하는데 야근 수당은커녕 아무런 보상이 없다는 것이 문제다.

기업으로서는 인건비가 많이 들면 회사 경영에 부담을 줄 수 있기 때문에 쉽게 결정할 문제는 아니지만, 일한 시간에 정당한 대가를 받지 못하는데 회사가 이익을 올린다면 사원의 의욕이 저하될 수밖에 없다.

인터넷이 널리 보급되면서 일하고 싶은 기업에 대해 이야기하는 게시판 내용을 보고 고민에 빠졌다는 상담도 늘고 있다. 야근 수당이 없고, 휴일에도 잘 쉬지 못한다는 근무 환경은 쉽게 회사 밖으로 알려질 수 있다.

수당을 주고 싶어도 모두 주다보면 회사 존속에 문제가 있다며 전혀 긍정적으로 검토하지 않는 경영자가 있는데, 사원에게 행복한 삶을 제공할 수 없는 회사에서는 우수한 인재가 자랄 수 있는 토양은 고사하고 언제나 인원이 부족해 야근 수당 대신 구인광고 비용을 쓰고 있다는 사실을 깨달아야 한다.

오랜 시간 일하는 서비스업에서 근로기준법에 정해진 주 40시간만 일한다는 것이 어려운 일지만, '불가능'하다고 생각하면 아무것도 달라지지 않는다. 또 많이 바쁜 시기에는 휴일을 반납하면서까지 근무하지만 휴일 수당을 주지 않는 기업도 있다. 주당 근로시간으로 관리하는 것이 어렵다면 월간 단위로 관리하는 방법도 생각해볼 필요가 있다.

인사담당자가 직접 개선할 수 있는 부분이 아닐 수 있지만 덮어놓고 지나치지 말고 경영지원 부서나 임원과 이야기해봐야 한다.

지원자는 면접에서 야근이나 휴일에 대해 질문하기 어려워한다. 이런 지원자에게 회사에 대해서 자신감을 갖고 대답해줄 수 있도록 열악한 근무 환경을 기한을 정해 개선하려고 노력해보자.

내가 인사업무를 담당한 회사에서도 주 40시간 근로 등이 어려웠을 때 사원들의 불만이 점점 커져 지원자들에게 이런 분위기가 전해지는 것 같기도 했지만 월 근로시간을 관리하여 야근 수당을 미리 고정급으로 지급하는 제도가 생긴 뒤 지원자 수가 늘어난 경험이 있다.

야근 수당을 지급하는 등 근무 환경을 개선함으로써 비용이 더 드는 경우가 많지만 이런 제도를 도입함에 따라 오히려 사원들의 실적이 좋아져 기업은 실질적인 손해를 보지 않는다는 것을 경영진이 이해할 수 있도록 노력해야 한다.

Point
- 구직자들이 기업을 선택할 때 크게 고려하는 요소 중에는 근무 환경이 있다.
- 근무 환경을 개선해나가지 않으면 기업은 쇠퇴한다.

12
Talented man

의욕을 높이는 급여 체계와
승진 제도를 만들어라

근무 환경을 개선할 때는 근로시간을 지킨다거나 휴일을 준다는 데서 그칠 일이 아니다. 지원자가 입사한 뒤 자신이 일하는 모습에 설렐 수 있도록 하는 것도 필요하다. 자신이 일한다는 데는 인생 계획도 들어 있기 때문에 지원자는 인생을 충실하게 살기 위해 급여 체계나 승진 제도가 기업을 선택하기 위한 중요한 요소라고 생각할 수 있다.

구인광고에 급여를 눈에 띄게 소개하는 기업이 있는데 만일 실적 차이로 급여가 상당히 달라진다면 실적을 얼마만큼 올리면 급여를 어느 정도 받을 수 있는지 구체적으로 설명해야 한다. 또 신뢰할 수 없는 고액 급여는 지원자에게 불신감을 주는 결과로 이어질지도 모른다.

중소기업 가운데 급여는 사장이 결정한다고 답하는 면접관이 있는데, 그러면 사장 한 사람에게만 권력이 몰려 있다고 생각해 입사를 회피하게 만들 수도 있다. 지원자는 대부분 안정된 기업에서 착실히 성장하고 싶다고 생각하기 때문에 승진 또한 상사의 평가로 결정된다고 대답할 것이 아니라 승진하기 위해 필요한 요건을 구체적으로 확실히 말해주는 것이 이상적이다.

견실한 기업이라면 급여 체계와 승진 제도에 대해 확실히 설명해줄 수 있다. 그저 열심히 일하면 된다는 성의 없는 대답으로는 지원자의 마음을 움직이지 못한다.

　원하는 인재에게는 당신이 필요하다는 인상을 주어 지원자가 만족해하는 급여를 제시할 필요가 있을지도 모른다. 첫 월급은 적지만 단계적으로 올라가는 것이 명확하다면 지원자는 이 체계를 이해할 것이다. 하지만 이 점이 명확하지 않다면 첫 월급이 아무리 많아도 지원자가 이 점을 이상하게 볼지도 모른다.

　인재들이 많이 지원하지 않거나 합격한 사람이 바로 그만두는 이유로는 급여 체계나 승진 제도가 확실하지 않은 경우가 많다. 기존사원과 형평성도 있기 때문에 제도를 바로 바꿀 수 없다면 계속해서 인재 채용에 어려움을 겪을 것이다.

　연공서열형 급여 체계는 사원의 의욕을 떨어뜨린다. 반면 사원들이 회사를 그만두지 않을지는 모르지만 문제점을 개선하려는 의식이 없는 사원들만 늘어날 위험성이 있다. 즉 승진 시기에 맞춰 실적이나 능력을 중시하는 급여 체계로 바꾸는 것을 검토해보는 게 좋다.

　승진 제도를 열심히 노력한 사람이나 실력이 있는 사람이 보상받도록 만든다면 기존사원의 의욕이 높아지고 우수한 인재가 모이는 강한 기업으로 바뀔 수 있다. 최근 들어 신입사원을 채용할 때도 급여에 차이를 두는 기업들이 생겨나고 있다.

Point
- 구직자들은 대개 견실하게 구체적으로 미래를 만들어갈 수 있는 곳인지 파악한다.
- 급여와 승진 제도를 연관함으로써 사원이 이를 바탕으로 미래 모습을 그려나가게 하자.

13
Talented man
일과 연관된 연수 제도를 만들어라

　구직자들은 기업에서 일하면서 일과 관련된 능력을 키우고 싶어 한다. 학교와 달리 기업의 연수 목적은 능력을 키우는 데 그치는 것이 아니라 자신이 일하는 분야에서 능력을 발휘하겠다는 것이 전제된다. 능력을 키우고 싶다고 생각하는 지원자에게 입사 후 연수 기회를 마련해준다면 그들은 매력을 느낄 것이다.

　특히 신입사원을 중시하는 기업은 경력이 없는 직원을 채용하기 때문에 이를 명확히 전달할 필요가 있다. 현장에서 익힐 수 있는 OJT가 중심이 되더라도 이론으로 배우는 것을 포함한 연수 제도를 마련할 필요가 있다. 사원이 소속된 부서에 모든 것을 맡긴다면 인사담당자는 신입사원의 능력을 총체적으로 파악하기가 어렵다.

　연수 제도와 연계해 경력을 확실히 쌓을 수 있는 제도로 개선함으로써 지원자는 자신이 입사한 뒤 일하는 모습을 그릴 수 있다. 경력사원을 중심으로 채용하는 회사는 입사 후 업무를 위한 짧은 연수는 해도 제도화된 연수는 하지 않는 경우가 많다.

　자기계발을 하도록 장려하는 것도 중요하지만 소속감과 애사심이 생겨나도록 기업이 사원에게 얼마만큼 투자할 수 있느냐도 중요하다. 인건비를 줄여 노동생산성을 높이는 것이 중요한 중소기업에서는 연수 제도를 충실하게 만들 여유가 없을 수 있다. 하지만 인재가 재산이라고 생각한다면 재산을 어떻게 부풀리느냐는 관점에서 볼 때 사원의 능력을 키워가는 연수 제도의 필요성을 느낄 것이다.

회사에서는 연수 제도를 잘 만들었지만 시키니까 어쩔 수 없이 수동적인 자세로 연수받는 사원도 있을 수 있다. 이럴 경우에는 그 사원뿐만 아니라 회사 또한 시간과 경비가 낭비되기 때문에 연수 제도를 승진 시험과 연관해 실시하는 것도 검토해야 한다.

연수 제도를 활용해 능력을 키우는 것을 본인의 자주성에 맡기지만 열심히 하지 않는 사원은 급여나 지위가 나아지지 않기 때문에 열심히 노력하는 사원과 그렇지 않은 사원을 확실히 구분할 수 있다.

연수에서는 강의를 모두 외부 강사에게 맡기지 말고 가능하면 회사 안에서 강사를 육성하여 강의하도록 하는 것이 좋다. 이것은 기존사원의 수준을 높이는 방법으로도 효과적이다. 사원이 스스로 업무에 필요한 연수를 생각하고 운영함으로써 더욱 실천적이고 실무에 필요한 심도 높은 연수가 될 수 있다.

구직자들은 대부분 안정된 직장에서 일하고 싶어 하고 자기 능력을 키우고 싶어 하는 경향이 강하다. 이 사실을 인사담당자가 깨닫고 구직자들의 마음을 얻을 수 있는 연수 제도를 만들어 잘 소개해보자.

Point
- 20대 구직자들은 대개 자신의 능력을 키우고 싶어 한다.
- 명확하게 경력을 쌓을 수 있도록 하는 기업은 구직자를 안심할 수 있게 해준다.

14
Talented man

경영자와 임원을
채용 업무에 끌어들여라

임원 면접 등에서 경영진이 형식적으로 면접하는 기업들이 많은데, 가능하면 기업 설명회 단계에서 경영자와 임원이 솔선하여 채용 업무에 관심을 기울일 수 있는 구조를 만들어가야 한다. 이렇게 하면 사원을 채용하는 현장을 피부로 느껴 사원의 소중함을 깨닫고 채용 업무를 이해하는 계기가 될 수 있다.

인사담당자 중에는 경영진이 채용 업무에 신경 쓰는 것이 불편해 최종면접에만 경영자나 임원이 참석하도록 하기도 하는데, 지원자가 무엇보다도 알고 싶은 것은 회사가 앞으로 어떻게 성장해갈 것인가 하는 회사의 미래성이라는 점을 잊어서는 안 된다.

구체적인 직무 내용은 인사담당자의 설명을 듣는 것으로 충분하지만 기업의 시장성이나 미래성은 경영을 담당하는 사람에게서 살아 있는 소리를 듣는 것이 더욱 인상 깊다.

채용 업무에서는 경영자, 임원, 부장 등의 직함을 버리고 모두 하나 되어 회사에 필요한 인재를 채용하겠다는 공통의 목적을 이루기 위해서 행동해야 한다. 인사담당자 중에는 경영진이 개입했을 때 모든 관심을 지원자가 아닌 경영진에게 돌려 지원자들을 신경 쓰지 않는 이들이 있다. 이러한 기업은 인사담당자가 지원자들에게 신뢰감을 줄 수 없다.

일반 사원도 경영진과 대화할 수 있는 조직은 지원자에게 의사소통이 잘되는 좋은 기업으로 비치기 마련이다. 인사담당자는 자신이 말하고 행동하는 것 하나하나가 지원자에게 평가받는다는 사실을 잊어서는 안 된다.

경영자 중에는 평소에 인재가 무엇보다 중요하다고 말하면서 면접에서는 면접자들을 오랫동안 기다리게 하는 것을 아무렇지 않게 생각하는 이들이 있는데, 면접이 예정된 시간에 제대로 진행되지 않는 기업을 좋게 생각할 지원자는 없다. 어떠한 사정이 있어서 면접이 늦어질 때는 인사담당자가 면접 시작 전에 상황을 확실히 설명하고 이해를 구해야 한다.

사장이 바빠서 예정된 면접시간보다 1시간 이상 기다려야 한다면, 긴장한 채 아무 말 없이 1시간 이상 기다려야 하는 지원자의 마음을 헤아려본 적이 있는가? 자신은 바쁘기 때문에 지원자가 당연히 기다려야 한다고 생각하는 경영자라면 사원과 신뢰가 깊지 않을 것이다.

채용 전형에서 떨어진 지원자도 언제든 고객이 될 수 있고, 비즈니스로 다시 만나게 될지도 모른다. 채용하는 측이 솔직하지 않은 태도로 지원자를 대한다면 미래의 고객을 잃어버릴 수도 있다. 기분이 상한 지원자가 주위 사람들에게 회사에 대해 좋지 않게 이야기하면, 그로써 나쁜 이미지가 순식간에 퍼져나갈 수 있다는 것을 주의해야 한다.

Point
- 경영진이 인재의 중요성을 깨닫지 못하는 기업에 내일은 없다.
- 인사담당자는 경영진을 적극적으로 채용 업무에 끌어들여야 한다.

15
Talented man

'당신을 원한다'는 마음이 전해져야 한다

채용해준다는 식의 거만한 자세로는 인재를 얻을 수 없다. 갈수록 경력이 짧은 이직자가 늘어나는 원인은 신입으로 들어간 회사에서 하는 일이 생각했던 것과 다르다든지, 회사에 미래가 없다고 느꼈다든지, 입사 전에 생각했던 것과 차이가 있기 때문인 경우가 많다.

학교를 졸업하자마자 취업하여 회사에 잘 적응하지 못한 탓도 있겠지만 신입사원들은 대부분 첫 사회생활이기 때문에 열심히 하려는 마음으로 입사한다. 그런데도 짧은 기간에 퇴사를 생각하는 것을 당사자 잘못으로만 돌릴 수 없다.

열심히 하는 사람과 그렇지 않은 사람의 평가가 별 차이가 없다면 열심히 일할 의욕이 나지 않아 회사를 그만두게 된다. 신입사원이더라도 능력을 적절히 평가해주지 않는다면 일에 대한 의욕은 줄어들고 존재 가치를 느낄 수 없다.

이는 채용에서도 마찬가지다. 인사담당자가 지원자의 능력을 정확히 평가하여 '당신이 우리 회사에 꼭 입사했으면 한다'는 마음이 들게 하지 않으면 지원자는 여러 기업 가운데 하나로밖에 생각하지 않는다. 그리고 반드시 입사해야겠다고 생각하지 않는다.

인재가 소중해진 지금이야말로 당신이 꼭 필요하다고 하는 마음을 전하지 못하면 우수한 인재를 채용할 수 없다. 그렇다고 해서 지원자의 비위를 맞추라는 말은 아니니 오해하지 말기 바란다.

사원을 10명 채용한다면 10명을 채용하는 이유가 다 다를 것이다. 각기 채용하는 이유를 정확하게 전달하고 회사에서 능력을 잘 발휘했으면 한다는 말을 전하면 지원자는 많은 여러 회사 가운데 하나가 아니라 특별한 회사로 생각하게 된다. 대개 신입사원의 첫 월급은 모두 같지만 최근에는 입사 때부터 차이가 나는 기업도 생겨나고 있다. 경력자를 채용할 때는 구인광고에서 밝힌 급여 이상으로 채용하는 경우도 있다.

보수적인 인사담당자는 지금까지 해온 채용 방법을 바꾸려고 하지 않는다. 떠나는 사람은 잡지 않겠다는 식으로는 갈수록 인구가 감소하는 추세를 생각해볼 때도 더더욱 우수한 인재를 채용할 수 없다.

회사에서 원하는 인재라면 경영진이 개별적으로 만나도 좋다. 경영진이 직접 만나 호감을 갖고 있으니 최선을 다해 일해보지 않겠냐고 한다면, 진취적인 지원자는 그때까지 특별히 관심을 두지 않았던 기업이라도 입사 여부를 진지하게 고려할 것이다.

Point
- '채용해주겠다'는 발상에서 '우리 회사로 와주십시오'라는 발상으로 전환하라.
- 당신을 원한다는 러브콜이 지원자 마음을 움직인다.

16
Talented man

고용 형태의 다양화가
미치는 영향을 알고 있어야 한다

요즘은 정규사원, 계약사원, 위탁사원, 준사원, 파견사원, 아르바이트 등 고용 형태가 다양해져 고용 조건도 각각 특징이 있기 때문에 이에 대해 미리 정확히 해두지 않으면 기업과 구직자 사이에 오해가 생길 수 있다. 정규직 사원과 비정규직 사원인 파견사원이 공동으로 일할 경우, '정규직 사원이기 때문에', '파견사원이기 때문에'라는 벽이 생겨서 업무가 잘되지 않는 경우도 있다.

계약사원, 파견사원 등은 고용기간이 정해져 있어 계약이 연장되더라도 고용이 보장되지 않는다는 점에서 일에 대한 의욕을 높일 수 없는 경우가 많다. 파견사원, 계약사원은 인재를 융통성 있게 등용한다는 장점이 있지만, 한편으로는 종신고용이 아니기 때문에 유능한 인재라도 계속 회사에 남아 있지 못한다는 단점이 있다. 구직자로서도 장기 고용을 원하는 사람이 있는가 하면 기업에 구속받지 않는 생활을 중시하는 사람도 있다.

신입사원을 채용할 때 예전에는 종신고용을 희망하며 구직 활동을 하는 학생들이 많았지만, 최근에는 평생 다닐 직장이라고 생각하지도 않고, 정규직 사원으로 구속받고 싶지 않다는 이유에서 파견사원이나 아르바이트를 선택하는 학생들도 있다.

고용 형태의 다양화가 기업과 사원의 신뢰관계를 약하게 할 여지가 있다. 어차피 그만둘 회사라고 생각하면 주어진 일은 확실히 하더라도 그 이상은 솔선해서 할 마음이 없게 되는 것이다. 기업도 인건비가 부담이 되지 않게 하려고 파견사원이나 아르바이트 등을 효과적으로 활용해왔지만 신규 채용을 계속하기가 어려워져 정규직 사원 채용을 늘리는 곳도 있다.

이럴 경우 사람들의 의욕이 높아진다는 장점이 있지만, 인재를 효과적으로 활용하기 위해서는 고용 형태가 다양해지면서 사원들의 애사심이나 소속감이 줄어들고 이직을 당연시하는 분위기가 된 현실도 받아들여야 한다.

일을 고르는 처지에서 고용 형태가 다양한 것은 문제가 되지 않는다. 하지만 인재를 효과적으로 활용해야 하는 기업은 사원의 마음이 기업으로 향하도록 대책을 세울 필요가 있다. 고용 형태에 따라서만이 아니라 상사의 한마디가 사원의 의욕을 좌우하는 일도 많다.

사원들이 안심하고 일할 수 있는 근무 환경을 제공하고 아르바이트 사원을 정식 사원으로 채용하는 등 고용 형태의 틀을 융통성 있게 만들어 우수한 인재의 유출을 막는 것이 필요하다.

Point
- 고용 형태에 관계없이 사원의 의욕을 높이는 기업에는 사람들이 모인다.
- 고용 형태의 다양성을 기업 측에만 맞추면 그 기업은 쇠퇴한다.

17
Talented man

준사원, 계약사원, 위탁사원 활용 방법

사원의 의욕을 높이기 위해서는 아르바이트라고 하지 말고 준사원, 계약사원이라는 고용 형태를 활용해 사원이라는 느낌을 주는 방법이 있다. 준사원, 계약사원, 위탁사원의 조건은 기업마다 다를 것이다.

준사원은 아르바이트생보다 근무시간이 길어 예를 들면 1일 6시간 이상, 주 5일 이상 근무할 수 있는 사원으로, 경력을 요구하는 기업도 있다. 계약사원은 대개 기한을 정해놓고 고용하지만 계약 기간이 지나도 필요하면 계약을 갱신하여 계속 고용하는 경우도 많다. 위탁사원도 기업에 따라 조건이 다르지만, 정년퇴직한 사원을 재고용하거나 고령의 사원을 신규로 채용할 때 사용하는 방법이다.

대우 면에서는 시급, 고정급(일급, 월급) 등 다양하지만 상여금을 지급하지 않거나 지급해도 정규직 사원보다 낮게 설정하는 것이 일반적이다.

정규직 사원으로 종신고용을 하는 것이 아니라 사전에 기간을 정해놓고 고용하는 경우 본인의 능력에 따라 고용을 계속할지 정할 수 있다는 장점이 있다. 또 정규직 사원으로 고용되기 위해 더 열심히 일하고, 책임감을 갖고 일한다는 점을 기대할 수 있다.

기업이 4대 사회보험 등의 가입 조건을 낮추면 정규직 사원과 비정규직 사원의 경계선이 사라지기 때문에 시급 대상자에게 정규직 사원과 같은 일을 시켜서 노동생산성을 높이는 방법도 있다.

한편 고용된 쪽에서 생각하면, 고용 형태의 차이만으로 일이 늘어나고 책임만 커진다면 일할 의욕이 떨어질 수밖에 없다. 그렇기 때문에 아르바이트생을 대우하는 면이나 역할의 차이를 명확히 하여 각자 비전을 그리며 경력을 쌓아나갈 수 있게 해야 한다.

실력이 있는 인재에게는 정규직 사원 이상의 대우를 하거나 정규직 사원이 될 수 있는 방법을 찾는 등 열심히 일한 대가를 주지 않는다면 제도가 제대로 기능하기 어렵다.

정규직 사원을 모집한다기에 지원했는데 실제로는 계약직이었다고 하는 경우도 상당히 있다. 실제로 계약직을 채용할 때는 미리 계약직이라고 확실히 밝혀야 한다. 능력 면에서 정규직 사원에 미치지 못하기 때문에 계약직 사원으로 고용하겠다고 하면 입사 전부터 의욕이 꺾인다는 사실도 꼭 기억해두길 바란다.

Point
- 준사원, 계약사원, 위탁사원의 근무조건을 정리하자.
- 아르바이트생에게 소속감을 높여주려면 사원으로 채용할 수 있는 제도를 활용해야 한다.

18
인재파견업체를 활용하는 방법

장기간 고용하는 것은 아니지만 자료 입력이나 파일 정리 등 일상적인 업무뿐만 아니라 전문적인 업무도 파견사원을 활용하여 채용 업무에 할애하는 시간을 줄일 수 있다. 회사에서 원하는 인재가 갖추어야 할 능력이나 경험을 인재파견업체에 미리 알려 업무를 소화할 수 있는 인재를 구할 수 있다.

인재파견업체는 대부분 지원자가 인재파견업체에 지원할 때 PC 능력 등 개인의 능력을 기재하게 하므로 인재파견업체를 통해 회사가 원하는 능력 있는 사원을 바로 채용할 수 있다.

파견사원으로 기업에서 일한 뒤 기업과 파견사원이 합의하여 정규직 사원이나 자체 계약사원으로 전환한다면 인재를 적재적소에 배치할 수 있는 기업이나 열심히 일하여 인정받은 사원 모두에게 이득이 될 수 있다.

파견사원은 고용처가 인재파견업체지만 회사의 정규사원이나 계약사원으로 새로 계약하면 고용처가 바뀌어 보수를 인재파견업체에 지급할 필요가 없다.

파견사원은 계약을 갱신할 수 있지만 계약 기간을 전제로 하여 일하기 때문에 지시받은 일은 하지만, 개선이나 개혁 등이 필요한 업무를 하기에는 어려움이 있으며, 기업에 대한 소속감이 낮다.

파견사원의 고용처는 인재파견업체이기 때문에 4대 사회보험이라는 비용이 발생하지 않고, 계약직 업무이기 때문에 일반적으로 회사 상황에 따른 해고 등의 문제도 발생하지 않는다. 반면에 지시나 명령권은 파견한 기업에 있기 때문에 파견사원을 채용할 때에는 누가 지시하고 업무 진행 상황을 파악하는지 명확하게 해둘 필요가 있다.

오히려 시급이 더 낮은 아르바이트생을 고용하는 것이 더 나았을 것이라고 하는 경우도 많기 때문에 사원이 효율적으로 일할 수 있도록 회사에서 체계를 확실히 해두지 않으면 인건비가 높아질 위험성도 있다. 또 정규직 사원과 파견직 사원의 사이가 나빠지지 않도록 대화의 장을 만들어 소통이 잘되는 분위기를 만드는 것이 중요하다.

Point
- 파견사원에게는 바로 처리해야 하는 일들을 잘 처리하는 능력을 기대할 수 있다.
- 파견사원의 네트워크가 기업의 평판을 좌우한다.

19
Talented man

파트타이머와 아르바이트생을 채용할 때 중요시해야 할 점

파트타이머나 아르바이트생을 채용할 경우 지원자가 일할 때 무엇을 우선시하는지 파악해야 한다. 근로시간 문제로 정규직 사원이 되어도 근무할 수 없거나 학생처럼 원래 하고 싶은 일이 있으나 돈을 벌기 위해 잠깐 일하는 경우 등 지원자의 상황을 아는 것이 그 지원자를 사원으로 채용한 뒤에도 효과적으로 일하게 하는 데 중요한 사항이 된다.

파트타이머나 아르바이트를 희망하는 지원자들은 대부분 시급이 많고 근무지가 가깝기 때문에 선택하므로 갑자기 애사심이 생기지는 않는다. 파트타이머나 아르바이트 형태의 고용을 효율적으로 활용하려면 채용할 때뿐 아니라 그 뒤 사원을 신뢰하고 즐겁게 일할 수 있게 해주며 보람을 느낄 수 있는 분위기를 조성해야 한다.

그러면 정규직 사원 이상의 힘을 발휘해 일하는 경우도 많다. 또 기본적으로 시간에 맞춰 일하기 때문에 시간 관리가 제대로 되는 근무 환경을 만들고 채용하는 것이 좋다.

학생 아르바이트는 학교를 졸업하기 전에 퇴사하지만 주부나 학교를 졸업한 뒤 아르바이트하는 직원은 장기적으로 일할 것을 염두에 두고 열심히 일할 수도 있다. 따라서 어떠한 제약을 두지 말고 중요한 일을 하는 직원으로 근무할 수 있는 기회를 주는 제도도 구축해야 한다.

파트타이머나 아르바이트생이 기업을 선택하는 기준의 하나가 시급이라면, 승급할 수 있는 제도도 면접할 때 자세히 설명하여 지원자의 의욕을 높여야 한다. 앞으로는 정규직 사원과 시급 노동자의 경계를 없애고 실력을 평가한 뒤 본인이 희망하면 승진할 수 있는 제도도 필요하다.

저출산의 영향으로 근로 인구가 계속 줄어드는 상황에서 정규직 사원과 시급 노동자라는 고용 형태에 얽매이지 말고 모든 사원은 회사의 재산이라고 생각하면서 인재를 적재적소에 배치하여 일하게 해야 한다. 이렇게 융통성 있는 기업이라면 분명히 계속 발전해나갈 것이다.

사원이 필요한 부서 직원들에게 파트타이머나 아르바이트생 면접을 맡기는 회사가 있다. 이 경우 면접관의 자세와 통일된 채용 방침 등을 철저히 교육한 뒤 면접에 참석하게 해야 한다. 사원을 필요로 하는 부서의 직원이 채용할 때 지원자가 잘 모이지 않거나 합격했지만 일하러 오지 않는 일이 상당수 있다. 이러한 경우 면접관으로서 자질을 갖추지 못하면 우수한 인재를 채용할 수 없어서 항상 사원이 부족할 수 있다.

고용 형태에 따라 차별하면 열심히 일할 의욕이 생기지 않는다. 열심히 일하는 사람, 능력이 있는 사람을 정당하게 평가하는 기업이라면 아르바이트생이라도 몇 시간 일하다 간다는 생각을 버리고 보람을 갖고 열심히 일하는 직원으로 커갈 수 있다.

Point
- 파트타이머나 아르바이트의 고용 형태를 효율적으로 활용하려면 승급과 승진 제도를 만들어야 한다.
- 파트타이머나 아르바이트생은 현실적인 대우와 조건을 중시한다.

Talented man

2장

채용별 특징과 모집 방법

20
Talented man

신입사원과 경력사원
각각의 채용 방법을 알아야 한다

구인은 크게 신입사원 채용과 경력사원 채용으로 나뉜다. 구체적으로 신입사원은 고졸, 대졸사원 채용으로 나뉘며, 경력자 채용은 경력이 짧은 이직자부터 중·고령의 경력을 오래 쌓은 이직자까지 폭이 넓다.

고졸사원은 학교 추천 형식으로 채용하는 경우가 많아서 학교에 취업을 의뢰하는 일이 많다. 그렇기 때문에 진로 지도 선생님과 관계를 강화하기 위해서 학교를 방문하여 추천을 부탁하는 방법이 전통적이다. 회사를 더욱 효과적으로 알리기 위해 채용 광고를 학교에 의뢰하기 전에 고등학교 선생님들을 모아 기업 설명회를 여는 경우도 있다.

고졸사원을 채용하려면 각 고등학교를 방문해서 의뢰하거나 학교로 채용 공고문을 보내 학교에서 추천해주길 기다리게 된다. 하지만 이렇게 추천받아서 지원하는 학생 중에는 공무원 시험이 어렵다거나 대학 입시 공부를 잘하지 못한다는 이유로 취직하려는 이들도 있고, 학교를 졸업하고 회사에 들어가기까지 기회가 많기 때문에 갈팡질팡하는 이들도 있다. 그래서 정말 취직하고자 하는 학생들을 대상으로 여름방학에 회사를 견학하게 하는 것도 열의 있고 훌륭한 사원을 뽑는 방법 가운데 하나다.

대졸사원은 일반적으로 민간 구인 사이트를 이용하여 채용 광고를 올리거나 채용박람회 등에서 설명회를 열어 회사를 알리는 방법으로 채용한다. 그 밖에 대학에 직접 채용 공고문을 보내거나 공적 기관에 구인광고를 하는 방법도 있다. 현재는 거의 인터넷의 구인 사이트나 회사의 구인광고를 이용해 학생들에게 직접 알리는 방법으로 채용한다.

대학생들은 보통 3학년 2학기부터 채용설명회 등에 참석하기 때문에 기업으로서는 채용 업무가 길어지는 경향이 있다. 그래서 기업들은 먼저 아르바이트를 하도록 해서 자신에게 맞는 일을 찾게 하거나 채용 시험 단계에서 실무를 직접 경험하게 하는 등 여러 방법을 활용해 우수한 인재를 확보하려고 노력한다. 많은 기업이 규모가 큰 채용박람회에 참가한다. 이때 학생들이 모여드는 인기가 많은 기업과 인기가 거의 없는 기업의 차이가 심한 경우도 많다.

경력자는 구인 사이트, 신문, 구인지, 워크넷(고용노동부 산하 한국고용정보원이 운영하는 취업정보 및 취업지원서비스 제공 사이트), 인재은행, 아웃소싱업체 등 다양한 방법으로 채용한다. 인재은행은 공적 기관에서 40세 이상 관리직 경력이 있는 사람이나 기술 전문직 경력이 있는 사람에 대한 정보를 등록해 기업이 그들의 정보를 열람하여 연락할 수 있게 한 곳이다.

아웃소싱업체는 프리터(freeter)나 경력이 짧은 이직자 가운데서 인재를 기업에게 소개하는 기업이다. 채용 방법은 원하는 인재에 따라 다양하기 때문에 각 구인 방법의 특징을 알고 선택하는 것이 좋다.

Point
- 인재를 확보하기 위해서 어떻게 구인할지 방법을 선택하는 것이 중요하다.
- 기존의 채용 방법에 얽매이지 말고 다른 방법도 시도해보자.

21 Talented man
고졸사원 채용의 장단점

고졸사원 채용은 기업과 업무에 대해 학생들에게 영향력이 큰 진로 지도 선생님이 이해할 수 있게 하는 것이 중요하다. 그렇지만 이제는 채용 공고를 공개하여 선생님 의견에만 따르지 않고 학생들이 자기 의지로 기업을 선택하도록 하는 학교가 많아졌다.

따라서 전부터 학교와 연계하여 채용해온 기업은 기업에 대한 학생들의 불안감을 씻을 수 있고, 해마다 학교 추천을 받을 수 있다. 하지만 학교와 관계를 중요하게 여기다보니 기업에 따라서는 자기 회사에 맞지 않는 인재도 받아들이는 경우가 있다.

17세 전후 학생들의 경우 적성이나 일에 대한 의욕을 알아보기가 쉽지 않다. 이것을 알아보려면 회사 업무를 얼마만큼 이해하는지, 열심히 일할 자세가 되어 있는지 확인해보아야 한다.

고졸사원은 학교에서 취직을 준비하기 때문에 지원 동기 등 면접에서 나올 만한 질문에 대한 답을 암기하는 지원자도 있다. 따라서 지원자의 진심을 파악하려면 판에 박힌 질문에서 벗어나 다양하게 질문하는 것이 좋다. 말을 잘하지 못하는 것에 얽매이지 말고 일에 대한 자세가 진심인지 확실히 파악해야 한다.

면접할 때 가정환경 등과 관련된 질문은 피하는 것이 좋다. 내 경우 지방 출신자를 채용하기 위해 도쿄에 친척이나 형제가 있는지 확인한 적이 있는데, 그 뒤 고용노동부의 주위를 받아 경위서를 쓴 적이 있다.

고졸사원을 채용할 때는 가능한 한 빨리 채용 결과를 학교에 알려주는 것이 좋다. 졸업을 앞두고 있는 학생들이니만큼 채용되지 않았을 경우 바로 다른 회사를 알아보게 하는 상황을 염두에 두고 진행하자.

고졸사원들에게 기대하는 것은 무엇보다도 그들이 젊고 도전 정신이 있다는 것이다. 고졸사원과 대졸사원을 채용할 때 보니 고졸 구직자가 미래에 대한 포부가 더 컸으며, 미래에는 자신이 한 회사를 이끌고 싶다고 말하는 이들이 많았다.

고등학생은 아르바이트를 못하게 하는 학교도 있어 사회 경험이 적은 학생들이 많기 때문에 얼마나 원석처럼 빛나느냐로 채용 여부를 결정하는 것이 좋다.

Point
- 고졸사원 채용에서는 일에 대한 의욕과 가능성을 파악해야 한다.
- 면접으로 금지된 질문이나 좋지 않은 영향을 주는 질문은 피하자.

22
Talented man

고졸사원을 채용하려면

고졸사원은 학교 추천이라는 형식으로 채용하는 것이 일반적이다. 학생들은 채용 공고를 보고 자신이 원하는 기업을 선택하여 학교가 자신을 추천해주기를 희망한다. 그리고 학교에서는 진로 조사를 하여 학생의 의향을 확인하고 그에 맞게 지도한다.

사립고의 경우 기업과 선생님의 유대 관계를 바탕으로 해마다 정해진 기업에 학생을 추천하기도 하지만, 최근에는 학생들의 의견을 중시하는 경향이 강해지고 있다. 학생은 지방에서 수도권으로 취직하고 싶어 하지만 부모가 허락하지 않아서 진로 지도를 하는 데 어려움을 겪기도 한다.

나도 해마다 도쿄나 도쿄 근처에 있는 학교에 구인 의뢰를 하기 위해서 학교들을 방문했다. 그때 학교 선생님에게서 구직난일 때는 학교를 방문하지 않다가 사원을 채용하기가 어려워져서야 학교를 방문하는 기업들이 있다는 얘기를 들었다.

학교를 방문하지 않아도 추천받을 수 있다고 해서 해마다 방문하던 학교에 가지 않으면 학교와 기업의 신뢰관계가 무너진다는 것을 기억해야 한다. 학생들을 채용하기가 어려워졌을 때서야 학교를 방문하는 등 뒤늦게 학교에 신경 쓴다 해도 한번 잃은 신뢰는 회복하기 어렵다.

지방에 있는 학교의 선생님들은 기업을 직접 찾아가 구인 의뢰를 받는 경우도 있다. 기업과 학교 가운데 어느 쪽이 우위에 있느냐를 논하고자

하는 것이 아니라 장차 인재로 활약할 고등학생이 안심하고 취직할 수 있도록 서로 신뢰가 있어야 한다는 말을 하고 싶다.

학생이 주최가 되어 직장을 정한다고 해도 진로 지도 선생님이나 담임 선생님의 한마디가 절대적이라고 할 수 있다. 선배사원이 일하고 있는 기업은 선생님과 인사담당자 사이에 신뢰관계가 구축되어 있기 때문에 학교에서도 추천하기가 쉽다.

하지만 신생 기업이라면 학교에 구인을 의뢰할 경우 직접 학교를 찾아가 기업의 특징, 업무, 연수 체제, 사원 복지 등을 충분히 설명해야 한다. 그래서 학교에서 학생을 안심하고 추천할 수 있도록 노력해야 한다.

고졸사원을 채용할 때 직장 견학 등으로 기업을 소개할 수는 있지만 대졸사원을 채용할 때와 같이 기업이 적극적으로 나서서 설명할 수는 없다. 어디까지나 선생님을 통해 학생에게 전해지는 부분이 많기 때문에 선생님이 이해할 수 없는 기업이라면 추천받기가 어려울 것이다.

열의가 있는 인사담당자라면 그 학교 졸업생이 직접 학교를 방문해 회사에서 어떻게 일하는지 설명하게 할 수도 있다. 그러면 선생님도 일을 열심히 잘하고 있다는 졸업생의 동향을 듣고 누구보다 기뻐할 것이다.

다른 지역에 있는 고등학교 학생을 채용할 경우 선생님을 회사로 초청하여 견학할 수 있도록 하는 것이 효과적이다. 이러한 과정을 거치면서 회사와 학교의 친밀도는 더욱 깊어질 것이다.

Point
- 선생님과 유대관계를 맺는 것은 회사를 알리는 데서 시작한다.
- 계속해서 추천받으려면 입사한 학생들이 잘 정착할 수 있도록 신경 써야 한다.

23
Talented man

고등학생은 업무 내용, 조건, 선배 유무에 관심이 많다

고등학교에 가보면 학생들이 기업에서 제출한 채용 공고나 기업 소개서를 보고 마음에 드는 곳을 선택하는 모습을 자주 볼 수 있다. 17세 전후 학생이 진로를 결정할 때는 진로 지도 선생님이나 담임선생님이 지도하지만 선생님들이 직업 자체를 이해하지 못하는 경우도 많아서 현실을 알고 판단하기가 어렵다.

그래서 학생들은 대부분 자신이 일하고 싶은 직종을 선택하여 직무 내용과 야근 시간을 알아보고, 다른 기업과 급여를 비교해 급여가 조금이라도 많은 기업을 선택한다. 기업 중에는 학생들의 눈을 사로잡기 위해 채용 공고문을 낼 때 야근 수당을 포함시켜 고정급을 높게 책정하거나 야근 시간을 줄여 기재하는 곳도 있다.

고정급에 야근 수당을 포함시키는 것이 불법은 아니지만 입사 후 야근 수당이 나오지 않는다는 사실을 알게 되면 직원의 의욕은 떨어질 수밖에 없다. 학생들이 입사 전에 이것을 이해한다면 좋겠지만 그렇지 않을 경우 금방 회사를 떠나는 원인의 하나가 될지도 모른다.

업무 내용을 자세히 모르기 때문에 대우가 어떤지나 근무지 위치로 회사를 선택하는 것은 어쩔 수 없지만, 채용 공고에 기재할 수 없었던 내용을 정리해 학생들에게 제공하는 것과 같은 일은 자기 회사에 맞는 인재를 찾고자 하는 기업의 자세로 바람직하다.

자기가 들어가려는 기업에 학교 선배가 일하는 것도 중요한 요소라고 할 수 있다. 지방에서 도시로 올라와 일할 경우, 특히 선배가 이미 그 회사에서 일하고 있다면 든든하고 정보를 미리 들을 수 있다는 장점이 있다. 먼 지역에서 온 학생들에게는 기숙사가 1인실인지, 어디에 있는지 등도 기업을 결정하는 중요한 잣대가 된다.

예전에는 기숙사를 공동으로 사용하는 일이 많았지만 이제는 1인실을 사용하는 것이 당연해지고 있다. 또 기숙사에 관리인이 있고, 식사도 제대로 할 수 있는 구조라면 부모에게서 허락을 받기도 쉬울 것이다.

여름방학을 이용해 직장을 체험할 수 있는 기회를 제공한다면 학생들이 기업을 더 잘 알게 되어 입사에 따른 불안감을 씻을 수 있다. 기업 또한 학생을 미리 접할 수 있어 학생의 마음을 회사로 향하게 하는 좋은 기회가 된다.

인사담당자는 월급이나 기숙사 시설 등을 기준으로 기업을 선택해서는 안 된다고 생각하지만 10대 학생들에게는 이것이 가장 중요한 요소임을 염두에 두고 경쟁사의 구인 요강을 확인하여 학생들이 더 좋아할 조건으로 개선해나가는 것도 필요하다. 기업에서 아무리 학교를 찾아가도 학생들이 마음에 들어 하지 않는다면 선생님의 추천도 기대할 수 없다는 것을 명심해야 한다.

Point
- 학교 추천이 적을 경우 채용 공고 내용을 바꿔보자.
- 고등학생 시점에서 급여나 대우, 근무 환경을 살펴보고 검토하자.

24 Talented man
대졸사원 채용의 장단점

대졸사원은 학교에서 채용설명회나 세미나 등을 열고 난 뒤 채용하기 때문에 학생들은 졸업하기 전에 입사 여부를 정하는 일이 많다. 그럴 경우 기업으로서는 어느 정도 손해를 감수하며 졸업하기 전까지 특별히 공부할 시간을 주는 등 배려하지만 합격한 학생들 중에는 입사를 결정했어도 구직활동을 계속하는 이들이 많다.

대졸자들은 고졸자들과 달리 나이가 많고 아르바이트를 하는 등 사회 경험이 있어 사회인으로서 마음가짐을 갖춘 이들이 많지만 한편으로는 면접 연습을 많이 하여 암기한 답을 이야기하는 이들이 있다.

시간을 많이 들여 채용한 사원이 회사에 잘 적응하고 적성에 맞는 일을 하게 하려고 입사 전에 업무를 체험하게 하는 기업도 늘고 있다. 이렇게 함으로써 학생들이 이상과 현실의 차이를 알고 도전 정신을 갖고 입사하기를 기대하는 것이다. 고졸사원으로 입사한 신입사원이 3년 이내에 퇴직하는 비율이 50퍼센트인 데 비해 대졸사원은 약 30퍼센트다. 고졸사원보다는 낮지만 30퍼센트라는 높은 비율을 차지하는 점을 볼 때, 이와 같은 방법은 더욱 필요하다.

신입사원이기 때문에 OJT를 포함한 교육 체계를 갖출 필요도 있다. 기업에서는 사회인으로서의 자세와 비즈니스 매너 등을 기초부터 가르쳐야 하지만 처음부터 기대가 너무 크면 신입사원이 능력을 발휘하기 어려울 수도 있다.

　대졸사원의 장점은 다른 회사에서 일한 경험이 없기 때문에 일을 열심히 배우며, 대학에서 배운 전문 지식을 살려 비교적 단기간에 능력을 발휘할 수 있다는 것이다. 한편, 요즘은 이직하는 사람이 많기 때문에 평생 근무하겠다는 사람들이 줄어들고 어려운 일이 있으면 바로 이직을 생각하는 신입사원도 늘고 있다. 따라서 요즘 같은 시대에는 학력만으로 구직자를 판단하지 말고 일에 대한 의욕과 업무 능력, 적성을 파악해야 한다.

　대졸사원은 일반적으로 구직 사이트에 구인광고를 올리고 메일 등으로 지원서를 받아 채용한다. 인사담당자가 좀더 열성적이라면 지원자가 기업에 지원하기만 기다리지 않고 구직 사이트에 등록해놓은 구직자의 스펙이나 관심 있는 분야를 파악하여 회사에 맞는 인재라는 생각이 들면 곧바로 연락을 취할 것이다.

　구직자가 대학에 다니다가 입사시험에 합격하여 회사에서 졸업할 때까지 기다리는 경우 장차 회사에서 열심히 일할 수 있도록 계속해서 의욕을 유지하게 하는 노력이 필요하다. 입사 동기들끼리 모임이나 세미나를 하게 하고 회사와 이메일로 계속 연락을 취하게 하는 것이 중요하다. 합격했기 때문에 반드시 입사한다는 보장은 어디에도 없다는 것이 요즘 대졸사원 채용 현장이다.

Point
- 대졸사원 채용은 장기전이다.
- 세미나나 설명회를 열 때는 내용에 신경을 많이 써라.

25 Talented man
대졸사원 채용은 장기전

대졸사원을 채용하는 방법으로는 학교에 채용 공고를 보내는 방법, 구인 사이트에 광고하는 방법, 취업 박람회에 참가하는 방법, 회사 홈페이지에 채용 공고를 하는 방법 등이 있다. 이들 중 한 가지 채용 방법만 고집하지 말고 모집 직종 등을 검토하여 다양한 방법을 활용하는 것이 좋다.

대학생들은 채용설명회, 기업 세미나 등에 대학교 3학년 때부터, 전문 대학이라면 1학년 가을부터 참석하는 분위기여서 이들이 채용 시험에 합격하기까지 오랜 기간에 걸쳐 채용할 필요가 있다. 또 합격한 학생의 마음이 바뀌지 않도록 인사담당자는 입사동기들 모임이나 세미나를 기획하여 합격자들끼리 관계를 돈독하게 하는 일에도 에너지를 쏟을 필요가 있다.

그런데 최근에는 어떻게 해서든 그 기업에 취직해야 한다는 열의로 가득찬 학생이 많이 줄어들었다. 왜 입사하고 싶은지 물었을 때 명확하게 대답하지 못하는 것을 보면 단지 취직활동의 일환으로밖에 보이지 않는다는 느낌을 받을 때가 많다.

그러다보니 채용되지 않아도 크게 충격을 받지 않고, 취직이 안 되면 대학원이나 진학하겠다고 하는 학생도 많다. 어떤 학생과 이야기를 나눌 기회가 있었는데, 그 학생은 취직이 전부라고 생각하지 않는다며, 취직할 수 없다면 다른 길을 선택하겠다고 거침없이 말했다.

부모 세대가 어느 날 갑자기 해고되거나 희망퇴직이라는 이름으로 회사를 떠나는 모습을 보면서 자란 학생들이 많다보니 취직이라는 꿈 자체를 꾸지 않는 냉정한 학생들도 있다. 이러한 시대의 구직 상황을 이해하고 회사의 매력을 학생들에게 어떻게 전할지 검토해야 한다.

당연히 벤처 기업에서 열심히 일하고 싶다, 기업가가 되고 싶다고 하는 헝그리 정신을 갖고 있는 학생들도 있지만 총체적으로는 안정지향형의 삶을 중시하는 사람들이 많다. 경력이 짧은 이직자들이 늘어나는 것도 근로 조건이나 직장 환경, 더 나아가 일 자체에 보람과 만족을 느끼지 못하면 바로 그만두는 학생들이 늘었기 때문이다.

대졸사원 채용에서는 사회인으로서 일하는 즐거움과 일의 보람을 학생들에게 이야기하여 서로 공감한 뒤 채용한다면 학생들의 마음이 회사로 향할 것이다. 대학생은 구직 활동을 주로 인터넷으로 하고 구직자들의 회사에 대한 평가 등이 다른 학생에게도 영향을 주므로 지원자들에게 주의를 많이 기울여야 한다.

Point
- 입사하기까지는 오랜 시간이 걸리기 때문에 연수 등 교육과 관리 방안을 마련해야 한다.
- 회사의 매력을 학생에게 전할 수 있는 방법을 다양하게 검토하자.

26 Talented man
유학파 인재의 장단점

최근 주목받고 있는 인재 대상은 유학파 인재다. 하지만 해외 대학은 우리의 졸업 기간과 달라 취업 활동 시기에 맞춰 귀국할 수 없는 경우가 많아 유학생들을 대상으로 박람회가 열리기도 한다.

유학파 인재의 장점은 해외에서 생활하면서 쌓은 국제적 시야를 바탕으로 판단할 수 있는 능력과 어학력 그리고 해외 대학에서 배운 전문 지식을 들 수 있다. 단점은 해외에서 일하고 싶어 하거나 어학력을 살려서 일하고 싶어 하기 때문에 입사 후 회사가 자신과 맞지 않는다는 말을 할 수도 있다는 것이다.

하지만 유학했다고는 해도 모든 학생이 국제 업무를 희망하는 것은 아니니 본인이 희망하는 것이 무엇인지 확실히 파악해야 한다. 또 오랫동안 해외에서 생활했기 때문에 귀국 후에 잘 적응하지 못하는 이들도 있으므로 입사 후 조직 적응력을 잘 파악해야 한다. 입사자가 잘 적응할 수 있도록 대화의 장을 마련하여 적응 여부를 계속 확인해야 한다.

급한 대로 우선 취업이나 하겠다고 생각하는 학생인지 지금까지 쌓아 온 경험을 살려서 우리 기업에서 열심히 일하고 싶다고 생각하는 학생인지는 말을 듣는 방법이나 비전 등을 통해서 알아볼 수 있다.

해외 대학에서 공부한 우수한 인재가 우리와 취업 활동 기간이 맞지 않아서 어쩔 수 없이 아르바이트하며 다음 취업 기간을 기다리는 경우도 있다. 현재 해외와 거래하는 기업들도 앞으로는 해외와의 거리가 더욱 가까워질 것을 생각하면 회사의 경영계획에 맞춰 어학력에 강점이 있는 인재 채용을 검토해보는 것도 좋다.

해외 유학생들을 위한 박람회에 가보면 해외 대학에서 공부하는 학생이 많다는 사실에 놀랄 것이다. 또 이런 학생들은 대학교의 도움을 받지 않고 혼자서 취업하려고 노력한다는 것을 알아두어야 한다.

해외 대학에서 공부한 학생들이 외국 기업이 아닌데도 열심히 일할 의지를 보인다면 이들을 받아들이고, 지금까지 없었던 새로운 사풍을 만들어가는 것도 검토해볼 필요가 있다. 유학파 인재는 국내 대학생만 대상으로 하는 인사담당자에게 새로운 채용 대상이 될 것이다.

Point
- 어학력에 더하여 또 다른 강점을 발견하자.
- 지원자가 회사에서 비전을 달성할 수 있는지 파악해야 한다.

27
경력자 채용의 장단점

경력자를 채용하는 방법에는 여러 가지가 있다. 비용을 들이지 않는 일반적인 방법은 워크넷에 채용 광고를 올리는 것이다. 워크넷도 인터넷에 공개하기 때문에 많은 구직자가 찾아볼 수 있지만, 민간 구인 사이트와 비교하면 기업 정보가 부족한 점은 부정할 수 없다.

민간 구인 사이트는 구직자들의 등록 정보를 보고 회사와 맞을 것 같은 구직자에게 연락할 수 있는 기능이 있어 기업이 구직자에게 직접 회사를 알릴 수 있다. 또 신문이나 구인지 등 종이 매체로 구인광고를 해서 구직자를 모으는 방법이 있다.

아웃소싱업체를 매개로 인재를 소개받는 방법이나 처음에는 파견사원으로 일하던 사원을 정규직 사원으로 채용하는 방법도 있다.

전 직장의 경력을 바탕으로 경력자가 실전에서 얼마만큼 활약할 수 있는지 파악하는 것이 중요하다. 맡아야 하는 업무와 전 직장의 직종이 다를 때는 전 직장의 업무 기술을 회사 업무에도 활용할 수 있는지 확인해야 한다.

전 직장에서 경력이 많은 사람은 직무 능력이 믿을 만한지 반드시 확인해야 한다. 경력에 기재한 내용을 제대로 확인하지 않고 채용했는데 기대에 부응하지 못하면 기업이나 사원 모두에게 불행한 결과를 초래하게 된다.

정규직 사원으로 채용할지 검토할 때는 직무 능력뿐만 아니라 왜 지원하는지와 회사에 대한 열의를 확인해야 한다. 당장 실무에 투입하여 실적을 기대할 수 있는 반면 조직 적응력이 없어서 인간관계가 원만하지 못해 바로 퇴사하는 경우도 있으니 이러한 면도 파악해야 한다.

경력자를 채용할 때는 면접이 중요한데, 지원 동기, 퇴직 이유 같은 일반적인 질문을 하지 말고 지원자와 대화하면서 본모습을 알아가려고 노력해야 한다. 나이, 모집 직종, 직급이 다양하기 때문에 전문직일 때는 능력을 먼저 파악하기 위해 배치할 부서의 사원을 면접에 동석시키는 것도 고려해보자.

이직 희망자는 다른 회사 경력이 있기 때문에 기업을 파악하는 눈이 있다. 면접관이 태도를 확실히 하지 못하거나 얼버무린다면 지원자의 마음은 다른 곳으로 가게 된다. 지원자에게 원하는 것, 회사에서 할 수 있는 일을 명확히 설명하여 우수한 인재의 마음을 움직이는 자질이 인사담당자에게 필요하다.

Point
- 경력자 채용에서는 지원자의 단기간 업무 실적을 채용의 판단자료로 활용할 수 있다.
- 왜 지원했는지 물어 지원자의 진심을 파악하라.

28
Talented man

경력은 짧지만 주목할 만한 신입사원

경력이 짧은 신입사원이란 일반적으로 학교를 졸업하고 3년 미만의 경력이 있고 나이는 20대 후반이지만 회사에 따라서는 입사한 지 1년이 안 되어 퇴사한 사람을 말하기도 한다.

경력이 짧은 신입사원이 주목받는 이유는 저출산으로 인구가 자꾸 줄어들고 있고, 갓 졸업한 사원에 비해 사회생활을 경험해봐서 비즈니스 매너를 알고 있으면서도 전 직장에 너무 익숙해 있지 않다는 점이 매력적이기 때문이다. 하지만 전 직장에서 일한 기간이 짧기 때문에 실적을 쌓았다고는 할 수 없어서 갓 졸업한 사원과 같이 직무 능력은 미지수라는 점이 불안하다고 할 수 있다.

경력이 짧은 구직자들은 기업을 선택할 때 더욱 신중하게 생각한다. 입사시험에 합격하고도 자신에게 더 잘 맞는 기업이 나타나면 그 기업에 입사하겠다고 하는 사람들도 있다.

대졸 신입사원을 채용할 경우 졸업 전 취업이므로 합격자가 졸업할 때까지 관리할 수 있는 제도가 필요하지만, 경력이 짧은 이직자를 채용하면 바로 입사할 수 있어서 기다리는 기간과 관리가 필요하지 않다는 장점이 있다.

경력이 짧은데도 이직하려는 구직자에게 전 직장에서 퇴사한 이유를 너무 집요하게 묻지 않는 것이 좋다. 오히려 전 직장의 경험을 바탕으로 앞으로 어떠한 비전을 갖고 일할지, 일에 대한 잠재력이 높은지 파악해야 한다.

20대인데 재직 기간이 짧거나 이직 경험이 여러 번 있다는 점을 비난하는 회사라면 경력이 짧은 이직자들을 받아들일 토대가 마련되어 있지 않았다고 할 수 있다. 다른 회사에서는 일을 계속하지 못했지만 우리 회사에서는 키워낼 자신이 있다고 자부한다면 젊은 사원을 회사의 동력으로 활용하는 것은 어려운 일이 아니다.

경력이 짧은 신입사원이 이직 시장에서 주목받고 있다고 해서 그 흐름에 휩싸일 것이 아니라 회사에서 이들을 받아들여 교육할 제도가 있는지 확인하고 인재를 회사 재산으로 바꿀 수 있는 구조로 만들고 난 다음 인재를 적극적으로 채용해야 한다. 경력이 짧은 신입사원 채용에 성공하는 회사는 분명히 사원에게 적극적으로 일을 맡기며 사원이 스스로 그 일을 해냈다는 마음이 들게 해주는 기업이다.

Point
- 경력이 짧은 구직자는 장점과 단점을 모두 가지고 있다.
- 일에 대한 잠재력을 평가하고 과거보다 미래의 의지를 파악해야 한다.

29
Talented man

경력자는 회사에서 원하는 인재에 맞는 구인 방법으로 찾아라

경력자를 채용할 때는 모집 직종, 직원의 나이와 직급에 따라 가장 알맞은 방법을 선택하는 것이 중요하다. 이전에는 압도적으로 신문이나 구인지에 구인광고를 했지만 몇 년 사이 인터넷이 비약적으로 발전하면서 구인 사이트를 활용하지 않고는 구인할 수 없을 정도라고 해도 지나친 말이 아니다.

하지만 구인 사이트로는 지원자들을 잘 모을 수 없는 경우도 있다. 어디에서든 여러 가지 조건으로 검색할 수 있는 구인 사이트는 구인 지역을 회사 주변으로 한정하여 인터넷을 잘 사용하지 않는 연령층을 구하려고 할 때 등 효율적이지 않은 경우도 있다.

이러한 경우라면 그 지역의 생활정보 신문이나 고용지원센터가 더 효과적일 수 있다. 또 비용을 들이지 않고 관리직 경력자를 채용하려 할 때는 지역 공적 기관의 인재은행을 살펴보자. 40세 이상 관리직 경력자나 기술전문직 구직자가 등록되어 있다.

구인광고를 해도 원하는 인재가 지원하지 않을 때는 아웃소싱업체와 상담해볼 수도 있다. 아웃소싱업체는 구직자가 입사하기까지는 비용이 발생하지 않는 성공보수형이어서 입사가 확정된 단계에서 일반적으로는 연봉의 몇 퍼센트를 아웃소싱업체에게 지급하는 구조로 되어 있다.

한 해에 여러 번 채용 광고를 해서 우수한 인재가 모여든다면 언제든 채용하겠다는 기업들이 늘고 있다. 그런데 구인 사이트에 계속해서 광고하면 구인 사이트에 따라서는 비용이 들기도 하므로 회사 홈페이지에 채용 광고 페이지를 만들어놓는다면, 이 광고를 보고 열심히 일해보고 싶은 구직자가 직접 지원할 확률도 있다.

특히 재직 중인 30대는 35세가 넘으면 이직하기 어려울 것이라는 선입관이 있어서 평소에 일하고 싶었던 회사의 구인 상황을 자주 체크해본다고 한다.

또 고용노동부에서 운영하는 각 지역의 고용안정센터를 활용하면 회사 정보가 민간 구인 사이트에 비해 적게 공개되지만 온·오프라인으로 무료로 구인광고를 할 수 있다.

신문은 신문별로 정해진 요일에 구인 특집을 다루는 일이 많다. 정보량은 적어도 짧은 기간에 많은 독자에게 구인 정보를 제공하기 때문에 구인 사이트나 회사 홈페이지 주소를 기재하여 관심이 있는 독자가 자세한 정보를 다른 매체로도 확인할 수 있게 하는 것이 좋다.

Point
- 경력자를 채용할 때는 회사에서 원하는 인재에 맞게 효과적인 구인 매체나 구인 방법을 찾아보자.
- 이직 시장을 파악하여 다양한 방법으로 인재를 찾아야 한다.

30
Talented man

이메일은 지원자 마음을 사로잡는 도구

대졸사원 채용, 경력자 채용은 인터넷을 매개로 하여 지원자가 기업에 이메일로 지원하는 경우가 많다. 이와 같이 구인 사이트에 구인 정보를 올려 관심 있는 지원자가 직접 기업에 지원하는 방법이 있는 반면, 기업에서는 구인 사이트에 등록된 구직자 중에서 회사에 맞는 능력과 적성을 갖췄다고 생각되는 구직자에게 이메일을 보내 연락하는 방법도 있다.

이때 이메일은 구직자가 기업을 판단하는 중요한 자료가 된다는 점을 잊지 말아야 한다. 정중하게 전형적인 이메일을 써서 보낸다 하더라도 구직자로서는 누구에게나 그와 같은 내용의 메일을 보냈을 것이라는 생각이 들 수 있다. 하지만 구직자의 경력을 이야기하며 '꼭 만나보고 싶다'는 말이 들어가 있으면 지원자 마음을 움직일 수 있다.

면접을 제의했지만 구직자가 응하지 않는 경우, 기업이 전형적인 내용의 메일을 보냈을 확률이 높다. 정말 만나보고 싶다면 구직자에게 관심을 갖고 있다는 내용을 메일에 담아야 한다. 또 메일을 받는 구직자로서는 채용 시험 공고 안내문이나 회사 설명회 안내라는 정해진 안내 메일 같으면 여러 구직자에게 보내졌을 것이라고 느낀다.

인기가 많은 기업이라면 전형적인 메일이라고 느껴져도 지원자들이 입사하기 위해 노력할지 모르지만, 지원자가 잘 모이지 않는 기업이라면 구직자를 대하는 이메일을 신경 써서 작성함으로써 많은 지원자를 상대하는 대기업에서는 할 수 없는 강점을 이용하는 것도 필요하다.

사원들이 퇴사를 생각하는 이유 가운데 하나는 회사에서 자신의 존재가치를 느낄 수 없거나 자신이 필요 없다고 느껴진다는 것이다. 채용할 때도 이러한 마음을 이용하여 '당신이 필요하다!', '꼭 만나보고 싶다'는 내용의 메일을 보내면 좋다.

가능하다면 구직자의 휴대전화로 직접 전화하여 이야기함으로써 더욱 깊은 인상을 줄 수도 있다. 인사담당자가 그럴 시간이 없다고 한다면 그 기업에는 우수한 인재들이 모여들지 않을 것이다. 앞으로 인재를 채용하려면 기업 측에서 적극적으로 원하는 인재에게 다가가야 한다. '오는 사람 막지 않고 떠나는 사람 잡지 않는다'는 식이 아니라 사원의 마음이 회사로 향하게 하는 것이 인사담당자가 해야 할 큰일이다.

무엇보다 인재가 회사에 호감을 갖고 일해보고 싶다는 마음을 갖게 하는 것이 중요하다. 구직자에게 이메일을 보낼 때는 인사담당자 자신이 구직자 처지에서 진솔하게 작성하면 된다.

Point
- 이메일 내용으로 구직자 마음을 움직이자.
- 전형적인 내용이 담긴 메일을 쓰지 말고 구직자에게 맞는 내용을 써서 보내자.

31
Talented man

'당신이 필요하다'는 헤드헌팅 방식으로 채용하자

인재를 채용하려면 회사에 필요한 인재를 구체화하고, 채용하고 싶은 지원자에게 인사담당자가 적극적으로 다가가야 한다. 지원자가 지원해주기를 마냥 기다리는 채용이 아니라 구인 사이트 등을 이용하여 구직자들이 등록한 정보를 검색해 기업이 직접 연락하는 헤드헌팅 방식으로 채용해야 우수한 인재를 확보할 수 있다.

요즘 이러한 방식으로 채용하는 기업이 늘고 있지만, 실제로는 면접 등에 응해보지 않겠냐는 내용이 많다. 물론 상대방에 대해 전혀 모르기 때문에 등록된 자료만으로 구직자를 인재라고 평가할 수는 없지만, 기업에서 먼저 연락하는 경우에는 면접이라기보다 구직자와 이야기해보았으면 한다는 메시지를 전할 필요가 있다.

지원자가 지원했기 때문에 채용했다는 것은 언제까지나 계속해서 우수한 인재를 확보할 수 있는 방법은 아니다. 기업과 지원자가 조건에 합의하지 않으면 채용할 수 없고, 합의한다 해도 지원자가 사원으로서 최선을 다해 일한다는 것은 기업이 지원자를 고르는 것과는 다르다.

구직자는 필요하다고 생각되는 것에 의욕을 보이며 상대방을 위해 최선을 다하고 싶다고 생각한다. 구직자가 비굴해질 필요도 없고 기업이 구직자의 비위를 맞출 필요도 없다. 비즈니스 협상과 같이 서로 원하는 것이 하나로 일치할 때 계약이 성립하는 것이다.

구직자 마음을 움직일 수 있는 키워드는 '당신이 필요하다', '당신을 원한다'는 말이다. 기업에서 필요한 인재라고 생각한다면 그것은 말이나 태도에서 나타나기 마련이다. 존재 가치를 느낄 수 없는 기업에 우수한 구직자가 관심을 보일 리 만무하다. 그렇기 때문에 회사에서 원하는 인재가 그 구직자라고 설명하고, 성과를 중시하는 보수를 이야기한 뒤 고용하고 싶다는 뜻을 내비쳐야 한다.

대졸사원 채용에서는 적성검사를 하고 전공지식이나 일반상식을 묻는 시험 등 필기시험을 보는 경우가 있으며, 경력자를 채용할 때는 이력서와 자기소개서, 직무경력서라는 본인이 기재한 서류와 면접으로 당락을 결정하는 경우가 많다.

그래서 경력자를 채용할 때는 회사에서 능력을 발휘할 수 있는 인재인지 파악하기 위해 대화를 충분히 해야 한다. 이때 기본 축은 지원자의 경험을 존중하면서 회사에 맞는지 살펴봐야 한다는 것이다.

뛰어난 인사담당자는 지원자가 편하게 느낄 수 있도록 해준다. 또 회사에 맞지 않는 지원자라 하더라도 지원자에게 불쾌감을 주지 않는다.

Point
- 우수한 인재를 확보하려면 채용 방법을 수정할 필요가 있다.
- 그 지원자이기 때문에 채용하고 싶다고 하는 자세를 지원자들이 느낄 수 있게 하라.

32
Talented man

인재 채용에 전 직원을 동원하라

아무리 채용 광고를 해도 회사에 맞는 인재가 지원하지 않는다고 한탄해 봐야 소용없다. 그럴수록 회사가 할 수 있는 것은 무엇이든 해보겠다는 마음이 인사담당자에게 필요하다.

이때 효과적인 방법은 전 사원이 모교의 학생이나 지인에게 채용 조건을 설명하고 입사를 권유하는 것이다. 취업을 고민하는 학생들이 채용설명회에서는 들을 수 없는 이야기를 선배나 지인에게서 들을 수 있다는 장점이 있다. 전 직원이 이와 같이 인사담당자 역할을 함으로써 얻을 수 있는 효과는 말로 표현할 수 없다. 직원이 하나 되어 나섬으로써 학생들에게도 좋은 인상을 줄 수 있다.

이때 주의해야 할 점은 회사를 소개하는 사원이 어떠한가 하는 것이다. 자기가 회사 대표자라는 의식이 없으면 회사 설명도 불확실하게 하여 좋은 이미지를 남길 수 없다. 또 이성으로 접근하여 회사를 소개할 경우 인재를 채용하는 데 역효과를 불러올 수도 있다.

그래서 모교에서 회사를 소개하는 방법이나 활동하는 방법, 채용 활동에 관해 회사에 보고하는 방법 등과 관련해서는 미리 매뉴얼을 마련해 확실히 교육해야 한다.

이 방법을 시행하면 기존사원들이 자기 업무에 지장이 있다며 반발할 수도 있다. 그렇기 때문에 경영진이나 임원이 어떻게 해서든 전 직원이 적극적으로 나서서 인재를 확보하는 일이 중요하다는 점을 각인시키고, 이 일에 강한 사명감을 느끼게 해야 한다.

그래서 부서마다 회사에 대해 좋은 이미지를 줄 만한 사원을 뽑고, 사원들끼리 업무를 잘 분배할 수 있게 해야 한다. 회사에 사원이 100명 있다면 이들의 출신학교가 다를 것이므로 회사에서 필요한 인재가 다니는 학교를 선정하여 그 학교 출신이 채용 활동을 할 수 있게 지원하자.

그러나 이것이 가능하지 않을 경우 학생과 기존사원이 함께 식사할 수 있는 모임을 만들어 학생들이 기업에 대해 알게 하는 기회를 제공하는 것만으로도 효과를 거둘 수 있다. 너무 빠르게 변하는 시대에 인재만이 기업을 살릴 수 있다는 절박한 마음으로 인재를 채용할 수 있는 방법을 적극적으로 검토해야 한다.

사회에 발을 디뎌보지 않은 학생들은 사회인이 되는 것을 불안해한다. 이러한 불안을 없애기 위해 나이가 비슷한 선배사원이 친절하게 고민을 들어주고 신뢰관계를 구축할 수 있다면 성과를 기대할 수 있다.

모교 출신 사원들이 많다는 것은 그 회사에 자부심을 갖고 일하는 사원이 많다는 증거일 수 있다. 학생들이 관심을 보이는 기업과 그렇지 않은 기업의 차이는 자본력이나 기업의 위상에 있는 것이 아니다. 그곳에서 일하는 사원이 얼마만큼 활기차게 일하는가 하는 것이다.

Point
- 학생들의 신뢰를 얻기 위해서는 사원의 역량을 확인해야 한다.
- 인재를 확보한 사원에 대한 평가는 확실히 해야 한다.

33
Talented man
채용박람회를 활용하라

신입사원, 경력사원을 불문하고 인재를 채용하기 위한 박람회는 계속해서 열린다. 준비된 많은 구직자에게 회사를 알릴 수 있는 기회이기 때문에 채용박람회를 적극적으로 활용하는 방법을 모색하는 기업들이 늘어나는 추세다.

채용박람회에 따라 진행 방법은 조금씩 다르지만 사전에 특별히 면접 볼 구직자를 계획해놓지 않고 회사에 관심이 있어 회사 부스에 찾아온 구직자들을 대상으로 면접을 보는 것이 일반적이다.

수도권에서 개최되는 채용박람회에는 사전에 광고를 많이 하여 구직자들이 많이 온다. 그렇다고는 하지만 원래 구인광고를 해도 지원자들이 많이 몰리지 않는데 채용박람회에서라고 갑자기 구직자들이 관심을 나타내기는 어려울 것이다. 면접을 기다려야 할 만큼 성황을 이루는 인기 많은 기업이 있는 한편, 인사담당자가 계속해서 혼자 앉아 있는 부스도 있다.

인사담당자 중에는 회사의 매력을 몰라서 구직자들이 지원하지 않는다고 생각하는 이들이 있다. 이럴 경우는 기업 규모를 떠나서 인사담당자가 직접 회사의 매력을 알릴 수도 있다. 인사담당자가 이 방법을 포기해버리면 구직자들이 회사의 매력을 알 길이 없다.

예전에 내가 다닌 이름 없는 식품회사는 처음 신입사원을 채용할 때 전체 광고비 가운데 절반만 광고에 사용하고 나머지는 모든 신입사원을 입사하자마자 해외 연수를 보내는 데 사용하기로 기획하여 채용박람회에 참여한 구직자들의 마음을 사로잡은 적이 있다.

다른 회사와 차별화해 구직자들에게 '직원에게 투자하는 회사'라는 강한 인상을 심어줌으로써 기대 이상의 인재들을 채용하는 데 성공했다. 중소기업이기 때문에 지원자가 몰리지 않는 것이 아니다. 중소기업이기 때문에 대기업 사원이 바로 할 수 없는 일을 맡아서 할 수도 있다. 모든 구직자가 대기업만 고집하지는 않는다. 그렇다면 과연 이들에게 어떤 메시지를 전달하느냐는 인사담당자에게 달려 있다.

채용박람회에 참가한 구직자 중에는 어느 기업을 선택할지 결정하지 못한 이들이 있기 때문에 부스에서 구직자가 찾아오기만 기다리지 말고 먼저 그들에게 다가가 회사를 알리는 노력을 해야 한다. 인기 있는 기업들도 안내지를 만들어 배포하거나 회사 소개 동영상 등을 만들어 회사를 알리는 데 힘을 쏟는다.

인사담당자가 회사에 매력을 느끼지 못하거나 회사를 알리려고 노력하지 않으면 구직자들의 마음을 잡기 어렵다. 채용박람회는 구직자와 접점을 찾을 수 있는 절호의 기회이니 가만히 앉아서 기다리지만 말고 구직자에게 적극적으로 다가가는 노력을 하자.

Point
- 채용박람회에서 구직자의 관심을 끌 수 있는 내용을 명확히 해야 한다.
- 구직자를 기다리지만 말고 그들에게 적극적으로 다가가자.

34
Talented man
회사 홈페이지를 활용하라

채용할 때 구인 매체만 활용할 것이 아니라 회사 홈페이지에 있는 채용 광고 페이지도 활용하는 방법을 검토해보자. 회사 홈페이지에는 회사 정보가 많이 실려 있어서 정보를 얻기 위해 많은 사람이 접속한다.

하지만 일반인 접속자가 적은 회사라면 구인 사이트에 회사 홈페이지 주소를 링크하여 구직자들에게 회사 정보를 제공할 수 있다. 이렇게 할 경우 회사 홈페이지와 구인 사이트의 구인 내용이 일치하게 하여 지원자가 혼란스럽지 않도록 배려해야 한다.

회사 홈페이지는 경영자의 블로그 등으로도 가볼 수 있게 되어 있으면 구직자들이 더욱 친숙함을 느낀다. 이직 희망자들은 대부분 이유가 어떠하든 현재 다니는 회사나 전 직장이 맞지 않아서 이직하려는 것이기 때문에 같은 실수를 반복하지 않으려는 생각이 강하다.

기업은 자선사업을 하는 조직이 아니라 이익을 창출해야만 지속할 수 있는 조직이지만 사원이 기분 좋게 일할 수 있는 환경이 되어 있지 않으면 그 회사에 오랫동안 정착해서 일하지 않는다. 이직 희망자들은 일하는 환경, 업무 내용을 상세히 알고 싶어 한다. 그렇다고 해서 거짓을 알려서는 안 되겠지만 환경이 나쁘거나 업무 내용이 명확하지 않다면 지원자들은 그 기업에 지원하지 않을 것이다.

회사 홈페이지에 구인 정보를 올려놓음으로써 상시적으로 채용할 수도 있다. 경력자뿐만 아니라 해외 대학에서 공부하는 유학생 등은 국내와 취업 활동 기간이 달라서 구인 사이트를 잘 활용할 수 없는 경우가 많다. 하지만 그들은 자신이 관심을 갖고 있는 기업은 인터넷으로 검색하여 기업 정보를 확인하기 때문에 홈페이지 채용광고란을 보고 지원할 수도 있다.

구인 정보는 때에 맞게 지속적으로 갱신해야 한다. 최종 갱신일이 반년이나 지났다면 아무리 좋은 정보라도 신뢰를 주기 어렵기 때문이다. 회사 홈페이지를 통해서 채용할 경우 상시모집을 하더라도 회사 설명회 등을 열어 자주 사원을 채용하는 기업이 아니라 지속적으로 인재를 채용하기 위해 노력하는 기업이라는 이미지를 줄 필요가 있다.

누구라도 좋다, 언제든 지원만 해주길 바란다는 기업에 지원자들은 매력을 느끼지 못한다. 상시 모집하더라도 모집 기한을 정하는 등 신선함을 느끼게 해줄 방법이 필요하다. 인재 확보를 중요하게 생각하는 기업이라면 구직자 자신이 일하는 모습을 떠올릴 수 있는 공간을 마련하는 등 반드시 홈페이지를 개선하여 기업 이미지를 제고할 수 있는 방법을 찾아야 한다.

Point
- 이직자는 관심이 있는 회사 홈페이지를 항상 확인한다.
- 구인 사이트와 회사 홈페이지를 연동함으로써 정보를 더 많이 제공할 수 있다.

35
Talented man
고용지원센터를 활용하라

고용노동부에서 운영하는 고용지원센터나 워크넷에 구인을 의뢰하여 모집하는 방법도 검토해보자. 사원을 모집하려는 지역의 고용지원센터에 채용공고를 의뢰함으로써 비용도 들지 않고 광고도 효율적으로 할 수 있다. 오프라인은 물론 인터넷으로는 고용지원센터 홈페이지와 워크넷에서 항상 구직자들이 검색해볼 수 있기 때문에 다른 구인 매체와 병행하며 채용 광고를 하기에 좋다.

또 고용지원센터와 워크넷에 채용 광고를 하여 사원을 채용했을 때는 이 사실을 알려야 한다. 기업은 다른 매체로도 채용 광고를 하기 때문에 채용 광고에서 알린 마감일보다 빨리 사원을 채용했을 때는 채용 광고를 내려달라고 요청해야 한다.

그렇지 않으면 구직자가 채용 광고를 보고 지원했는데 채용이 이미 완료되었다는 얘기를 듣고 그 회사에 불쾌한 감정을 느낄 수도 있고, 신뢰할 수 없는 기업이라는 느낌을 줄 수도 있다.

기업 중에는 이미 인원을 충원했지만 조기에 퇴직 의사를 밝히는 사원이 있을 것에 대비해 채용 광고를 지속적으로 하는 곳도 있다. 비용이 들지 않는다고 해서 기업 측면에서만 생각한다면 구직자들에게 기업의 이미지만 나쁘게 하는 꼴이 되고 만다.

고용지원센터를 통해 워크넷 사이트에서 전국적으로 구인 검색이 가능하면서도 구직자가 기업이 모집하려는 지역 고용지원센터 홈페이지에서 검색할 수 있기 때문에 지방의 대리점이나 영업소가 구인할 때는 관할 고용지원센터에 의뢰하면 더욱 효과적이다. 민간 구인 사이트나 구인지와 비교할 때 정보량은 적지만 모집 직종, 조건 등은 명시할 수 있기 때문에 회사 홈페이지 주소를 명기해두면 회사를 효과적으로 알릴 수 있다.

인사담당자 중에는 이러한 방법으로 채용 광고를 했을 경우 다른 광고 매체에 비해 지원자의 역량이 떨어질지 모른다고 생각하는 사람도 있는데 결코 그렇지 않다. 민간 구인 사이트에서도 자유롭게 지원하는 것처럼 고용지원센터나 워크넷에서도 조건은 마찬가지다. 오히려 공적 기관에서 운영하기 때문에 직업훈련 수강생 등은 전문적 기술이 뛰어날 수도 있다.

공적 기관이기 때문에 민간 구인 사이트처럼 화려하지는 않지만 처음 채용 광고를 해두면 그 뒤로도 계속해서 번거로운 절차 없이 광고를 게재할 수 있다. 비용이 들지 않으면서 온·오프라인으로 광고할 수 있으므로 이 방법도 인재를 찾을 수 있는 방법으로 효율적으로 활용하자.

Point
- 지역 밀착형 구인은 고용지원센터나 워크넷을 효과적으로 활용하라.
- 비용이 들지 않는다고 채용 광고를 방치하지 말고 채용이 끝난 뒤에는 채용 광고를 하지 말라고 요청해야 한다.

36 Talented man
아웃소싱업체를 활용하라

아웃소싱업체를 활용해 이직 희망자를 채용하는 방법이 있다. 채용이 확정된 단계에서 보수를 소개회사에 지급하기 때문에 채용할 때까지는 비용이 들지 않는다. 아웃소싱업체에 따라서는 강한 직종이나 업종이 있기 때문에 회사가 원하는 인재를 소개해줄 수 있는 회사라면 구인을 의뢰함으로써 비교적 빨리 인재를 확보할 수 있다.

아웃소싱업체를 고를 때 이들이 소개할 수 있는 인재를 얼마만큼 확보하고 있는가, 즉 아웃소싱업체에 등록된 인재들의 수준이 어느 정도인가가 중요하다. 아웃소싱업체에 의뢰했지만 인재를 소개해주지 않거나 소개해준 사원이 능력이 없거나 경력이 충분하지 않다면 시간이 아무리 흘러도 인재를 확보할 수 없다. 그래서 인사담당자는 아웃소싱업체에 의뢰했다고 해서 우수한 인재를 확보했다고 안심하면 안 된다.

인사담당자 중에는 회사가 원하는 인재라면서 아웃소싱업체에서 판단하기 어려운 조건을 제시하는 이들이 있다. 이상적인 모습을 이야기하는 것은 좋지만 그중에서 꼭 필요한 점과 추가되면 좋은 점을 명확하게 제시하여 아웃소싱업체가 인재를 적극적으로 찾을 수 있게 해야 한다. 처음부터 그러한 인재를 찾기 어렵다는 생각이 들게 하면 실제로 그런 인재를 열심히 찾지 않아서 원하는 인재를 소개받기 어렵게 된다.

아웃소싱업체를 이용할 경우에도 자기 회사 사원을 뽑는 일이므로 면접에 시간을 할애해 직무능력을 갖추었는지, 조직 적응력은 있는지 등을 잘 살펴보아야 한다. 구직자 중에는 소개받았기 때문에 지원했다고 하는 이들도 있다. 소개를 받았기에 지원했다고 해도 회사에 기여할 수 있는지, 회사에 대한 열의가 있는지 등을 파악하는 것이 필요하다.

아웃소싱업체 중에는 소개 수수료 때문에 구직자를 과대평가하여 추천하는 곳이 있으므로 인사담당자는 구직자가 회사에 맞는지 잘 확인해야 한다.

회사가 인재 채용 광고를 하면서 아웃소싱업체에도 의뢰하는 방법이 있다. 특히 회사가 원하는 사원의 자질이 높거나 많은 수를 확보해야 할 때는 원하는 만큼 바로 채용하기 어려울 수도 있다는 것이 예상되기 때문에 구인 사이트, 신문, 구인지 등 매체를 다양하게 선택하여 효과적으로 진행한다면 빠른 시일에 많은 인재를 채용할 수 있다.

앞에서도 설명했듯이 채용이 정해질 때까지 비용이 발생하지 않으므로 이직 시장 상황을 듣는다는 의미에서도 아웃소싱업체 담당자를 만나서 이야기를 듣는 것이 좋다.

Point
- 회사가 원하는 인재를 많이 소개할 수 있는 아웃소싱업체에 의뢰하는 것도 한 방법이다.
- 인재 소개를 의뢰했다고 해서 아웃소싱업체에게 모든 것을 맡겨서는 안 된다.

37
Talented man
구인 사이트를 활용하라

구인할 경우 같은 업종이나 같은 직종의 다른 회사들은 어떠한 조건으로 채용하는지 구인 사이트 등에서 알아보자.

구인 사이트를 이용하는 경우 신문이나 구인지와 비교했을 때 광고를 빨리 시작할 수 있다. 구직자가 구인 사이트를 이용하는 장점은 시간이나 장소에 구애받지 않는 인터넷으로 간단하게 구인 정보를 얻을 수 있다는 것이다. 구인 사이트에 구직자 자신의 직무 경험 등의 정보를 등록하고 희망하는 기업을 찾아 클릭 한 번으로 지원할 수 있다.

구인 사이트는 24시간 열람할 수 있어서 언제든 지원이 가능하다는 점에서 재직하면서 이직을 희망하는 사람들에게 매력적이다. 구인 사이트는 사이트마다 다양한 서비스를 무료로 제공하며, 구직자 수를 늘리기 위해 기업에 제출하는 이력서와 자기소개서의 첨삭, 이직 상담을 비롯하여 적극적으로 독자 전략을 펼치고 있다.

구인 사이트들은 대부분 이력서와 자기소개서를 등록한 구직자들의 개인정보를 제외하고 이력의 일부를 기업 측이 구인 사이트에서 열람할 수 있게 하는 기능을 갖추고 있다. 기업은 이러한 기능을 충분히 활용하여 사이트에 등록된 구직자의 경력을 평가하여 구직자에게 관심을 나타내는 메일을 보내는 등 기다리지 말고 구직자에게 적극적으로 회사를 알리려고 해야 한다.

구인 사이트에 채용 광고를 낸 기업은 광고비가 들더라도 회사에서 원하는 인재를 채용하겠다는 생각을 갖고 있다. 그러나 구인 사이트에 채용 광고를 올려놓는 것만으로 지원자가 많이 몰려드는 기업도 있기는 하지만, 채용 광고를 올린 뒤에도 인재를 확보하기 위해 기업이 어떻게 하면 지원자에게 다가갈 수 있는지 검토해볼 필요가 있다.

구인 사이트를 통해 사원을 모집할 때는 채용 시험날 처음 만나는 경우가 많다. 그래서 구직자와 처음으로 접하는 이메일의 문장에도 신경 써야 한다. 회사에서 먼저 사이트에 등록한 구직자에게 채용 시험을 권유하는 메일을 보낼 때는 구직자 이력에 관심이 있다는 점을 구체적으로 기재하고, 당신이기 때문에 제안한다는 점을 확실히 밝혀야 한다.

인터넷에서 주고받는 메일은 답신을 보내는 시간에도 주의가 필요하다. 이력서와 자기소개서를 기업에 보내고 계속 기다렸는데 아무런 연락이 없다고 초조해 하는 지원자들을 많이 보았다. 게다가 기업에서 먼저 요청하여 면접을 보았는데 그 뒤 아무 연락이 없다는 얘기도 들었다.

기업이 이렇게 하면 인사담당자가 아무리 열심히 인재를 찾으려고 노력해도 인재는 모여들지 않을 것이다. 인터넷이 널리 보급되어 구인하기가 매우 편리해졌지만 직원의 친절한 태도와 따뜻한 배려심이 느껴지지 않는다면 구직자의 마음은 움직이지 않는다.

Point
- 인터넷을 활용한 구인이 주류가 된 지금 이를 잘 활용하는 방법을 찾아야 한다.
- 이메일의 한 문장, 한 문장이 지원자의 마음을 움직인다.

38
Talented man

신문, 구인 정보지, 구인 전단지를 활용하라

인터넷을 활용한 구인이 주류가 되었지만 신문이나 구인 정보지, 구인 전단지 등도 구인하기 위한 매체로 활용할 필요가 있다.

신문은 광고 게재 기간이 한정되어 있지만 독자층이 넓어서 단기간에 집중적으로 지원자들을 모을 수 있다. 광고비용은 구인 정보지나 구인 전단지보다 많이 들지만 즉효성을 바랄 때 효과적인 매체다. 신문사에 따라서 구인 특집란을 구성하기 때문에 채용 일정에 맞추어 게재할 날짜를 검토해야 한다. 지방에서 구인할 때는 신문에 구인광고를 하는 일이 압도적으로 많다.

구인 정보지는 인터넷의 보급으로 이전보다 구인광고 건수가 많지는 않지만 구직을 희망하는 사람들이 정보지를 갖고 있다가 편한 시간에 어디서나 볼 수 있다는 장점이 있고, 컴퓨터에 익숙하지 않은 장년층은 구인 정보지나 신문을 중심으로 구직활동을 해서 모집 사원의 연령대에 따라서는 구인광고를 효과적으로 할 수 있다.

집과 가까운 곳에서 근무하기를 원하는 구직자라면 생활정보지나 무가지를 참조하는 경우가 많아서 지역을 한정하여 사원을 채용하고 싶을 때는 이러한 정보지가 적합하다. 또 신문 등에 끼워넣는 구인 전단지 광고는 신문과 같이 단기간에 지역을 한정하여 광고하는 데 적합하다. 인사담당자는 근무지와 회사가 바라는 인재에 대해 충분히 생각한 뒤 효율적인 구인 매체를 검토해야 한다.

인터넷은 구직자가 사이트에 방문해야 하지만 신문에 실린 채용 광고는 이직을 생각하지 않는 사람도 볼 수 있기 때문에 능력이 있는 다양한 사람이 지원할 수 있다. 신문 매체에는 광고가 실리는 지면이 제한되어 있지만 홈페이지나 구인광고가 실린 구인 사이트 주소를 기재함으로써 자세한 정보를 제공할 수 있다.

신문이나 구인 전단지는 광고 기간이 짧기 때문에 반응이 2~3일이면 온다. 이 기간에 회사가 바라는 인재가 없을 때는 매체 효과가 없는 것으로 판단하고 다른 방법을 찾아서 진행해야 한다.

구인에는 효율성이 요구된다. 비용을 들인다고 해서 사람이 많이 모여드는 것은 아니다. 채용 광고가 지면을 넓게 차지한다고 해서 사람들이 많이 모여드는 것도 아니다. 회사를 표현하는 광고 문구가 달라지는 것만으로 지원자 수가 크게 달라질 수 있다. 매체의 반응이 좋지 않을 때는 매체에 원인이 있는 것이 아니라 구인광고 자체에 매력이 없는 것일 수도 있기 때문에 원인을 분석하고 효율적인 채용 방법을 선택할 필요가 있다.

Point
- 종이 매체가 주는 편안함과 안도감, 반응 정도, 지역 밀착성을 평가해보자.
- 지원자 마음을 움직이는 광고 문구를 검토해보자.

Talented man

3장

면접과 채용 시험에서
놓치지 말아야 할 것들

39
Talented man

정규직 사원을 채용할 때 중요시해야 할 점

정규직 사원 채용에서는 신입사원이나 경력자를 불문하고 회사에서 얼마만큼 열심히 일할 수 있는지, 그리고 본인의 비전과 회사 업무가 일치하는지 확인하는 것이 중요하다.

신입사원 채용에서는 직무 능력을 판단하기가 어렵기 때문에 일에 대한 잠재력이 중요하다. 일을 얼마나 진지하게 생각하는지, 이 회사이기 때문에 입사하고 싶다는 의지를 느끼는지가 채용 여부를 결정짓는 중요한 요소가 된다.

경력자를 채용할 때 경력과 회사가 요구하는 직무가 일치하는 것이 지원 이유라고 말하는 사람이 있다면, 즉 단지 직종이 일치해서 지원했다는 구직자는 정규직 사원이 되기에 불충분한 대답을 한 것이라고 할 수 있다. 단지 전 직장과 같은 직종이기 때문에 지원했다면 다른 회사의 조건이 좋을 경우 바로 이직을 생각할 수 있기 때문이다.

정규직 사원은 장기 고용을 전제로 하므로 주어진 업무를 정확하게 수행할 뿐만 아니라 항상 문제의식을 갖고 개선해나가는 능력이 필요하다. 주어진 업무만 한다면 파견사원이나 아르바이트생으로도 충분하다. 입사하자마자 즉시는 어려울 수도 있지만 애사심과 소속감을 가질 여지가 없다면 정규직 사원으로 고용하는 것을 다시 한 번 생각해보는 것이 좋다.

지원 동기를 들을 때는 왜 선택했는지 반드시 질문해보자. 지원자가 다른 회사와 비교해 지원하는 회사의 우위성이나 독자성을 인식하고 있다면 입사 후에도 정규직 사원으로서 적극적으로 일할 것이다. 하지만 이 질문에 일해본 경험이 있으니까 지원했다는 답변만 한다면 입사하고 싶다는 생각이 별로 강하지 않으며, 합격했다 해도 입사하지 않을지 모른다.

직무 능력도 확인해야 할 중요한 요소지만 직무 능력이 아무리 훌륭해도 조직 적응력에 결함이 있을 때는 정규직 사원으로 채용하는 것은 고려해보는 것이 좋다. 혼자 하는 일이라면 문제되지 않겠지만 일은 많은 사원이 함께하는 것이기 때문에 인간관계가 아주 중요하다. 인간관계에 문제가 있다면 아무리 유능한 사람이라도 그 때문에 조직의 분위기가 망가지기도 한다.

정규직 사원을 채용할 때는 도전 정신도 확인해야 한다. 과거 실적만 자랑하는 중·고령자들은 입사하고 나서 실적을 채우지 못하면 회사를 비판하면서 자신을 지키려고 한다. 과거는 과거일 뿐이다. 새로운 직장에서 하나부터 열까지 모든 것을 흡수하고 도전해갈 힘이 없다면 정규직 사원으로 대우하며 일을 맡길 수 없다는 점을 잊지 말아야 한다.

Point
- 정규직 사원 채용에서는 '왜 우리 회사에 지원했는가'를 반드시 확인해야 한다.
- 정규직 사원 채용에서는 문제 개선 능력과 조직 적응력을 중요시해야 한다.

40
Talented man

고졸사원 채용에서는
일에 대한 의욕을 중요시하라

신입사원은 직무 경력이 없기 때문에 직무 능력을 판단하기가 어렵다. 그래서 신입사원을 채용할 때는 면접에서 그 일이 적성에 맞는지, 일에 얼마만큼 의욕을 갖고 있는지 등을 꼭 확인해야 한다.

특히 고졸 신입사원을 채용할 때는 학생들이 졸업하기 전에 채용 전형을 진행하기 때문에 한 기업에 합격하지 못해 다른 기업에 지원할 학생들을 생각한다면 기업이 오랜 기간 채용 전형을 진행할 수 없다.

채용 시험은 회사마다 약간씩 차이가 있지만 대개 적성검사, 필기시험, 면접 등으로 진행되는데, 이 시험들 가운데 가장 중요시해야 할 것은 면접이다. 면접에서는 모범 답안을 암기한 것처럼 대답하는 지원자가 있다.

모범적인 답만 이야기한다면 지원자의 본모습을 알기가 어렵다. 자기 생각을 이야기하지 않는 지원자에게는 긴장하지 말고 편하게 이야기하라고 해서 지원자가 최대한 진심을 말할 수 있게 해야 한다.

고졸 채용 시험이 학교 추천 형식으로 진행될 때는 학교에도 채용 결과를 알려주어야 한다. 채용하지 않기로 했다면 해마다 추천받았던 학교에 그 사실을 통보하기가 어려울 것이다. 하지만 회사에서 원하는 인재가 아닐 경우 불합격 처리를 하고, 그 이유를 지도 선생님에게 확실히 설명해야 한다.

고등학생의 경우 일에 대한 꿈과 목표를 어느 정도 갖고 있는지가 채용을 결정짓는 요소가 된다. 그리고 그 꿈이나 목표가 회사에서 실현할 수 있는 내용인지 확인하는 것도 중요하다. 지방에서 도시로 올라온 지원자 중에는 단순히 도시에서 꿈에 그리던 직장생활을 하고 싶어 지원한 학생도 더러 있으므로 면접에서 지원자의 본심을 확인하는 것이 중요하다.

선생님이 추천한 기업이라서 지원했다고 지원 동기를 밝히는 학생들이 있는데 이렇게만 답변한다면 채용하기가 어렵다. 처음 만난 지원자들에게 짧아도 괜찮으니 가능하면 회사를 소개하고 직무 내용을 설명한 뒤 이러한 배경 지식을 알고도 입사하고 싶은지 확인하는 것이 필요하다.

학교를 졸업하지 않은 사원은 합격해도 졸업할 때까지 기존사원과 접촉할 기회가 많지 않다. 그렇기 때문에 면접에서 정말로 입사하고 싶은지, 미래를 어떻게 만들어갈지 확인하여 기업과 지원자가 서로 확신하면서 채용하는 것이 중요하다.

사원을 채용할 때는 성적도 중요하지만 대인관계에 문제가 없는지, 상사나 선배의 지도에 따라 노력할 타입인지 확인해야 한다. 고졸 채용 시험에서 단점이 무엇인지 물었을 때 급한 성격이라고 대답하는 지원자가 있다. 회사 생활에서 성적 이상으로 중요한 것이 조직 적응력이다. 앞으로 그 사원에게 무엇을 기대할지, 실패해도 좌절하지 않고 도전 정신으로 열심히 일할지 확인하는 것이 중요하다.

Point
- 고졸사원의 경우 미래의 꿈과 목표가 채용을 판단하는 자료가 된다.
- 자기 생각을 편하게 이야기하는지 살펴야 한다.

41
Talented man

고졸사원 면접에서는 특히 질문 사항을 주의하라

원래 대졸사원이나 경력사원 채용에서도 직무 능력과 관계되지 않은 사항은 질문해서는 안 되지만 고등학생 신분으로 채용 전형을 진행할 경우에는 사회 경험이 없다는 점을 참작하는 것은 물론이거니와 학교 선생님이나 부모님과의 관계도 고려하여 지원자의 직무 능력과 관계없는 사적인 것들은 질문하지 말아야 한다.

가정환경이나 부모, 형제의 직업 등을 직접적으로 묻지 않는 것이 좋으며, 이러한 사항은 면접에 참여하는 임원이나 경영진이 모두 알고 있어야 나중에라도 문제되는 일이 없다. 그렇기 때문에 미리 면접에 참석하는 면접관들에게 주의사항을 알리고 문제되지 않을 선에서 채용 전형을 진행해야 한다.

채용 전형 결과는 가능한 한 빨리 학교에 알려주는 것이 지원자와 학교에 대한 예의다. 고졸사원 채용은 대졸사원 채용과 달리 졸업하기 전에 취직해야 한다는 생각을 많이 하기 때문에 생에 처음으로 지원한 회사에서 불합격되었을 경우 불안감을 안고 바로 다른 회사를 찾아 지원해야 한다. 따라서 빠른 시일에 지원자와 학교에 확실한 결과와 이에 대한 설명을 덧붙여 알려주어야 한다.

고졸사원을 채용할 때에는 지원자가 대기실에서 어떤 자세로 있는지 확인해야 한다. 면접에서는 이미 준비한 답을 이야기하고 좋은 인상을 주어 합격하기 위해 노력하지만, 면접관 없이 다른 학교의 지원학생들과 같이 있을 때 실제 모습이 나타나기 마련이므로 이때 주의 깊게 살펴보는 것이 좋다. 다른 지원자를 무시하는 태도를 보이는 지원자라면 입사한 뒤 협력하는 모습을 보이기 어려우며, 반대로 지나치게 밝게 행동하는 사람은 겉과 속이 다를 확률이 높다.

고졸사원 채용에서는 입사 후 선배사원과 잘 어울릴 수 있는 관계를 만들어가는 것도 기업이 발전하는 중요한 요소다. 성적이 좋아도 협력하려는 모습을 보이지 않으면 일을 가르치는 선배나 상사와 잘 지낼 수 없다.

학교에 다니면서 지각이나 결석이 많았던 지원자라도 당시 확실한 이유가 있었으며, 입사한 뒤에는 지각이나 결근을 하지 않겠다는 강한 의지가 있다면 장래성을 기대할 수 있지만 본인이 문제의식을 갖고 있지 않다면 입사 후에도 지각이나 결근을 많이 할 수 있다.

Point
- 가정환경 등 사적인 질문은 피하며 모든 면접관에게 이를 주의시켜야 한다.
- 학교 성적 이상으로 출석 상황, 일에 대한 의욕을 놓고 평가해야 한다.

42
Talented man

대졸사원 채용에서는 회사에 대한 진심을 파악하라

신입사원으로 입사하려는 구직자들은 대부분 특정 기업에만 관심을 갖고 있지는 않는다. 기업 설명회나 이벤트를 통해 장래에 계속해서 하고 싶은 일을 찾거나 설명회에 참가했어도 여러 기업 가운데 하나라고 생각하는 경우가 많다. 인기 있는 특정 기업을 제외하면 처음부터 큰 뜻을 갖고 참가하지 않는다는 것이다. 그렇기 때문에 설명회 등에서 다른 회사와 다른 점을 들어가며 회사에 대해 좋은 이미지를 심어주려고 노력해야 한다.

지원했기 때문에 어떤 사람이든 좋다고 하는 기업은 없겠지만 채용 기준이 없어서 실질적으로는 누구라도 좋다며 채용하는 기업도 많다. 기업에서는 마음에 들지 않는 사람들만 지원했다고 변명할 수도 있다.

하지만 이렇게 흘러간다면 인기 있는 기업과 차이가 난다는 것만 확인할 뿐 이 문제를 해결할 방법을 찾으려는 자세는 갖출 수 없게 된다. 학생들의 눈을 회사로 돌리기 위해서는 지원자가 왜 지원했는가 하는 질문에 대답할 수 있게 해야 한다.

회사 소개서에 기재되어 있는 내용이 아니라 '이 회사만이 가진 어떤 좋은 점 때문에 입사하고 싶다'는 식으로 지원자들이 각각의 답을 찾을 수 있을 때 그들은 그 기업에 꼭 입사하고 싶다고 생각할 것이다.

학생들은 합격하고 싶어서 나름대로 지원 이유를 말하겠지만 그들이 진심으로 입사하고 싶은지 확실히 확인하려면 동종업계 다른 회사가 있는데 왜 우리 회사에 지원했는지 물어서 신념을 들어볼 필요가 있다.

이 질문을 설명회 때 하면 막연하게 대답하는 지원자가 많을 것이다. 따라서 인사담당자는 행사를 개최하는 데 의미를 둘 것이 아니라 채용설명회나 이벤트를 통해 회사의 강점을 알려서 구직자들에게 입사하고 싶은 마음이 들게 하는 것이 중요하다는 사실을 깨달아야 한다.

회사에 정말 입사하고 싶다면 자신이 일하는 모습을 구체적으로 떠올려 '되고 싶은 자신'과 '입사한 뒤 자신의 모습'이 일치할 것이다. 하지만 '되고 싶은 자신'이 될 수 없을 거라고 생각한다면 지원자는 대답을 애매하게 할 것이다. 이들은 입사해도 곧 회사를 그만둘 수 있다.

'왜 우리 회사에 지원했습니까?' 라는 질문에 대한 정답은 없다. 정답인지 아닌지 파악하는 방법은 얼마만큼 진심으로 입사하고 싶은 마음이 있는가 하는 것뿐이다. 지원자가 진심으로 입사하고 싶다고 느끼게 하려면 구직자들을 진심으로 대하며 채용하는 것이 중요하다.

지원자에게 메일 하나를 보내도 진심이 담겼는지는 글을 읽으면서 바로 알 수 있다. 설명회도 사무적으로 처리하지는 않았는지, 구직자가 설명회에 참석했다는 것에 감사하는지 등은 참가자에 대한 인사로 판단할 수 있다. 학생들의 마음을 사로잡는 것은 영업과 비슷하다. 인사담당자들이 상대방의 마음을 사로잡지 못한다면 인재를 채용하지 못한다.

Point
- 입사하고 싶어 하는 진심을 지원 동기를 보고 확인한다.
- 구직자가 꼭 입사하고 싶어 하는지 면접에서 파악해야 한다.

43
Talented man

설명회와 면접에서
지원자 마음을 잡아라

학생들과 처음으로 만나는 시점인 채용설명회는 회사를 알릴 수 있다는 의미에서 중요하다. 채용설명회 내용은 인사담당자의 열정에 따라 크게 달라진다. 채용설명회 내용이 회사의 업무와 채용 전형 절차에 관한 것뿐이라면 학생들이 기업에 갖는 호감도는 크게 달라지지 않을 것이다.

채용설명회에서는 학생들의 관심을 끌고 그들에게 감동을 주어야 한다. 경영자가 직접 경영방침과 비전 등을 열정적으로 이야기함으로써 학생들의 마음을 사로잡을 수 있다. 사업 설명도 그저 자료를 읽어 내려가는 것이 아니라 설득력 있게 얘기해야 감동을 준다. 채용설명회가 끝나 학생들이 집에 돌아가도 뜨거웠던 열기가 그들의 기억에 남는 기업은 기업의 미래가 사원에게 달려 있다는 것을 구체적으로 설명할 수 있다.

과거의 성공에 자만하는 기업은 구직자들에게 감동을 줄 수 없다. 실패와 역경이 많았지만 그곳에는 하나의 목표를 가진 직원들이 함께했다고 부각함으로써 채용설명회에 참석한 학생들이 직원들을 자기 모습으로 바꾸어 생각해야 기업에 관심을 갖고 일에 포부를 갖게 된다.

인사담당자의 일방적인 질문에 대한 답에 점수를 매겨 채용 여부를 결정짓는 면접에서는 합격자 대다수가 입사를 포기할지 모른다. 면접할 때 그 회사에서 일하고 싶은 마음이 들게 하지 않으면 구직자의 마음은 움직이지 않는다. 그 회사에서 일하고 싶은 마음은 기업이 걷는 방향과 구직자가 하고 싶은 일이 일치하고 회사에서 자신을 원한다는 것을 실감할 때 든다.

대기업이라고 해서 장래가 보장되지는 않는다. 지금은 작지만 장래에 유망한 기업으로 바뀌는 기업은 얼마든지 있다. 일하고 싶다는 마음이 들도록 하는 것은 작은 기업도 충분히 할 수 있다. 그렇기 때문에 면접관이 지원자에게 신뢰를 받아야 하며, 지원자가 자기 인생을 걸고 싶다는 생각이 들도록 해야 한다.

대졸 신입사원의 경우 각 회사가 채용설명회를 열어 지원자를 모으는데 혈안이 되어 있는데 회사의 독자성을 제시하거나 장래에 대해 열변을 토하거나 동료가 되어 자신들과 함께 도전해보지 않겠냐고 하는 채용설명회는 적은 것 같다. 회사들은 채용설명회로 손색이 없다고 생각할지라도 구직자들은 기업 선택에 고민하기 십상이다.

어떤 분야든 최고인 기업, 최고를 지향하며 나아가는 기업은 매력적이어서 이러한 것들을 사원들에게 어떠한 방법으로 전할지가 중요하다. 구직자들에게 구체적으로 설명할 수 있다면 이것만으로도 다른 회사와 차별화할 수 있다. 물론 참석한 모든 학생에게 회사에서 일하고 싶다는 마음이 들게 할 필요는 없다. 회사에서 필요한 인재, 원하는 인재를 명확하게 하여 그들의 마음을 움직일 수 있는 주제를 던지는 것이 중요하다.

Point
- 채용설명회, 세미나 단계에서 이미 채용 전형이 시작된 것이라고 인식하자.
- 구직자들에게 채용되었으면 하는 마음이 들지 않는다면 그 채용은 실패했다.

44
Talented man

민첩하게 대처할 수 있는지 파악하라

경력자 채용에서는 전 직장의 경험을 살려 회사에서 민첩하게 활약할 수 있는지 파악하는 것이 중요하다. 이런 의미에서 이력서 외에도 직무경력서 내용을 잘 확인해야 한다. 지원자들 중에서 지금까지 직무 경험을 그대로 나열한 직무경력서를 제출한 지원자는 자기 자신의 강점을 이해하지 못할 확률이 높다.

지금까지의 직무 경험을 통해서 '매력' 적으로 보일 만한 강점을 파악한 뒤 지원한 기업에 기여할 수 있는 업무를 이야기할 수 없다면 입사 후에도 수동적인 자세로 일할 수밖에 없다.

직무경력서에 기재되어 있는 내용이 믿을 만한지 확인하는 것이 면접의 큰 목적이다. 이직 희망자는 크고 작은 차이가 있어도 잘 보이려고 직무경력서를 다소 과장하여 기재하고, 면접에서도 이와 같은 태도를 취한다. 그래서 직무경력서에 기재된 내용에서 신경 쓰이는 부분을 지적하고, 관심이 있는 부분은 더 구체적으로 들어봄으로써 지원자의 직무 능력을 파악할 수 있다.

지원자의 직무 능력을 제대로 확인하지 않았다가는 입사 후 기업이나 구직자 모두 힘들어지는 결과를 초래할 수 있다. '컴퓨터 활용 능력은 문제없습니다' 라고 지원자가 대답한다고 해도 그 능력이 어느 정도인지는 파악할 수 없다. 그저 문자 입력은 할 수 있더라도 프로그램 종류, 사용 수준이 어떻게 되는지 알 수 없기 때문이다.

필요하다면 채용 시험을 보다가 업무와 관련된 시험을 해보는 것도 한 방법이다. 경력자를 채용할 때는 업무하는 데 필요한 기술을 갖고 있는지 확실히 확인할 필요가 있다.

경험이 없는 지원자 중에서는 시간을 투자해 그 기술을 습득할 수 있다고 생각하는 사람들이 많다. 신입사원이라면 시간을 들여서 습득할 수 있지만 경력자의 경우 경험이 없다면 지금까지의 직무 경험을 통해서 단기간에 민첩하게 업무를 수행할 수 있는지 확인하자.

경력자는 대학을 졸업하여 취직하고 경력이 3년 있다면 학력 이상으로 직무 경험을 중시하여 채용해야 한다. 25세 이하라면 직무 경험이 적기 때문에 대학 시절의 활동이나 일에 대한 잠재력이 채용을 결정하는 판단 요소가 되지만 20대 후반이면서 직무 경력이 3년 이상이면 지원자가 직무상 강점을 확실히 말할 수 있고, 민첩하게 활약할 수 있는 사람인지가 채용의 전제가 된다.

신입사원이나 경력이 짧은 사원을 채용할 때는 적성이나 일에 대한 잠재력이 중요한 평가 기준이지만 경력자는 업무를 민첩하게 처리해나갈 수 있는지가 중요한 평가 기준이라는 점에서 크게 다르다.

Point
- 경력자 채용에서는 단기간에 민첩하게 대처할 수 있는지 파악해야 한다.
- 필요에 따라서는 실무 능력을 확인해야 한다.

45
Talented man

이직 희망자가
바라는 것을 파악하라

이직 희망자들이 바라는 것을 모른다면 인재를 채용할 수 없다. 기업 측과 이직자 측에서 바라는 것이 다를 수 있기 때문에 서로 다가가려는 자세가 필요하다.

이직 희망자들은 대부분 이직을 반복하고 싶어 하지 않기 때문에 안정적으로 다닐 수 있고 오랫동안 근무할 수 있는 기업을 찾는다. 한편, 기업이 이직자에게 원하는 것은 회사에서 바라는 인재상에 맞고 회사 이익에 기여할 수 있는 인재다.

이렇게 서로 바라는 내용이 다른데 채용 시험이 진행되다 보면 기업은 '원하는 인재와 다르다'고 느낄 것이며 지원자 또한 그렇게 느껴 서로 진가를 모르고 지나칠 수도 있다.

기업에서 인재가 중요해진 이 시대야말로 우수한 인재를 확보할 필요가 있다. 그렇게 하기 위해서 구직자 대부분이 바라는 대우나 근무 환경을 충분히 검토하지 않으면 인재를 경쟁사에게 빼앗길 수도 있다.

경영자나 임원 가운데는 입사를 원하지 않는 사람은 오지 않아도 좋다고 강력하게 이야기하는 이들이 있지만, 사원이 회사를 위해 열심히 일하겠다는 마음이 생기지 않게 하는 기업이라면 아무리 뛰어난 인재를 채용하더라도 머지않아 경쟁사로 보내게 되는 결과를 가져올 수도 있다.

구직자를 약자라고 생각하지 말고 사원이 기분 좋게 일할 수 있는 환경을 구축하여 기업의 목표를 향해 모두 열심히 일할 수 있도록 한다면 구직자들뿐만 아니라 기존사원들에게도 긍정적인 영향을 줄 것이다.

지원자는 구인광고와 실제의 차이에 상당히 민감하다. 완벽한 기업은 없다는 것을 지원자도 알지만 면접에서 구인광고에 실린 내용과 다르다고 느낀다면 기업에 선입관을 갖고 판단하여 입사를 꺼릴 수 있다.

인사담당자는 기업이 '할 수 있는 것'과 '할 수 없는 것', '앞으로 할 수 있는 것'을 명확하게 나눠서 진지한 태도로 지원자에게 알려야 한다. '입사 후 자신에게 배정된 업무가 달랐다'든지 '야근수당이 지급되지 않았다'든지 '근무 시간이 너무 길었다'는 이야기를 하며 퇴사하는 사원들이 특히 많다.

이직 희망자 중에는 더 좋은 기업이 있는 것은 아닐까 하여 합격했어도 입사에 신중을 기하는 이들도 있다. 회사에서 정말 바라는 인재라고 생각한다면 적당한 태도를 취해도 지원자가 이해해줄 것이라 생각하지 말고 지원자 이야기를 충실히 들은 뒤 회사 설명도 충분히 해야 한다.

이직 희망자가 바라는 것을 채용 판단 여부로 사용한다면 회사에서 활약하는 인재나 그만두는 인재의 경향을 분석하여 이직 희망자가 입사한 뒤 회사에서 얼마나 활약할지 검토해보자.

Point
- 지원자가 회사에 기대하는 것과 바라는 것을 파악하라.
- 채용을 잘못하지 않으려면 기업이 할 수 있는 것과 할 수 없는 것을 명확히 밝혀야 한다.

46
Talented man

과거에 얽매이지 말고 회사에 기여할 수 있는지에 눈을 돌려라

경력자를 채용할 경우 지원자마다 직무 경력이나 나이가 제각각이어서 인재를 알아보는 인사담당자의 능력이 중요하다. 인사담당자 중에서는 이직한 횟수가 세 번 이상인 지원자는 서류 심사에서 떨어뜨리고, 공백 기간이 긴 지원자도 채용하지 않는다고 처음부터 정해놓는 이들이 있는데, 이런 사람이 인사를 담당한다면 그 회사는 우수한 인재를 채용할 수 없다.

이직을 반복했던 이유나 특별한 이유 없이 공백 기간이 길었던 이유에 대해서 자신만의 생각을 갖고 있지 않은 지원자라면 입사한다 해도 다시 그와 같은 상황을 반복할 확률이 높다. 그러나 이직 횟수가 많다는 것에 대해 반성하거나 자신만의 신념을 갖고 있다면 앞으로 회사에서 일을 어떻게 해나갈지 파악하는 것이 중요하다.

과거에 문제가 있기 때문에 앞으로도 힘들 것이라고 단정 짓는다면 면접을 보는 의미가 없다. 한 회사에서 오랫동안 근무한 사람은 첫 기업에서 경력이 길기 때문에 다른 회사에서 잘 적응하지 못해 얼마 안 가 퇴사할 수 있다.

반면에 이직 횟수가 많은 지원자는 많은 기업에서 경험했기 때문에 회사 분위기에 잘 적응한다는 장점이 있으며, 다음 회사에서는 어떤 일이 있어도 끝까지 열심히 해보겠다는 강한 의지를 갖고 있는 이들도 있다. 실적이 화려해도 그 실적을 회사에서 펼치지 못한다면 아무 의미가 없다. 꼭 해야 한다는 절박한 심정으로 미래를 개척해나가는 사람이야말로 기업에서 필요한 인재라고 할 수 있다.

이직 희망자를 파악하기 위해서 특히 유심히 살펴보아야 할 것은 회사에 얼마만큼 기여할 수 있는 인재인가 하는 점이다. 즉 직무 능력을 갖추고 있는지 직무경력서와 면접에서 확인해야 하며, 조직 적응력이 있는지도 확인해야 한다.

뛰어난 능력을 갖추고 있다고 해도 조직의 일원으로 순응할 수 없다면 능력을 발휘할 수 없다. 애사심도 중요하다. '이 회사이기 때문에 입사하고 싶다'는 간절한 마음이 있으며, 전 직장의 경험을 살려서 회사에 기여할 것이라고 기대할 수 있다면 학력, 과거 이직 횟수, 공백 기간 등은 신경 쓰지 말고 채용을 긍정적으로 검토해야 한다.

성공한 사람들은 대부분 한두 가지 상처를 갖고 있다. 아파했던 일이나 콤플렉스를 이겨내고 성공한 사람들이 많다. 순풍에 돛단 듯 문제없이 흘러가는 인생을 산 사람 중에는 역경을 만났을 때 다시 일어서지 못하는 이들도 많다. 인사담당자는 과거 사실만 보지 말고 그 지원자의 경력을 어떻게 회사 이익으로 연결할지 파악한다면 회사에 공헌하는 인재를 채용하게 될 것이다.

Point
- 이직 횟수, 공백 기간만으로 지원자를 판단하지 말아야 한다.
- 과거가 아니라 현재와 미래의 가능성을 채용의 판단 기준으로 삼아야 한다.

47
Talented man

20대 이직 희망자를 채용할 때 중요시해야 할 점

20대 이직 희망자는 직무 경험이 별로 없기 때문에 일에 의욕이 있는지, 왜 지원하게 되었는지, 자신이 이루고 싶은 목표가 있는지 확실히 확인해야 한다. 졸업하고 취직하여 첫 직장에서 3년이 안 되어 그만둔 사람은 전 직장이 싫어서 그만두었다고 하는 이유만이 아니라 무엇을 하고 싶은지 자세히 들을 필요가 있다.

요즘엔 대학을 졸업한 뒤 정규직으로 취직하지 않고 아르바이트나 파견사원으로 일해온 지원자들도 많다. 고용 형태가 다양화되었기 때문에 정규직 사원으로 경력이 없는 것도 드문 일은 아니어서 지원자가 앞으로 진심으로 어떤 자세로 일하려고 하는지가 중요하다.

그래서 20대 지원자에게 기업의 장래성, 일하는 즐거움과 어려움 등을 자세히 설명하고, 이에 공감할 수 있는 지원자를 채용하면 된다. 20대 초·중반의 지원자는 능력 이상으로 일에 대한 의욕을 중시하는 시기이므로 다른 시각에서 보면 갓 졸업하여 입사한 사원과 같이 기업에서 어떻게 교육하여 키우느냐에 따라 변해 갈 수 있다.

20대 전반과 후반의 지원자는 확인해볼 사항도 다르다. 20대 후반이라면 직무 경험이 어느 정도 있기 때문에 직무 경력이나 기술을 평가해야 한다. 의지와 의욕은 강해도 직무 능력에 결함이 있으면 기존사원과 잘 어울리지 못할 수 있다.

20대 후반의 지원자는 미래의 관리직 후보로서 능력도 확인할 필요가 있다. 직함이 없어도 신입사원을 교육한 경험이 있는지, 팀 리더 등 리더십을 발휘할 수 있는 인재인지도 확인해야 한다.

20대 지원자는 다른 회사 경험이 적은 경우가 많기 때문에 회사 방침에 쉽게 순응할 수 있는 한편, 실적이 없기 때문에 정말 능력을 발휘할 수 있는 인재인가 하는 점에서는 불확실한 면이 있다. 일에 대한 잠재력, 회사에 대한 애정이 채용 여부를 결정하는 중요한 요소이지만 실적이나 경력이라는 명확한 판단자료가 없기 때문에 인사담당자에 따라서 판단하는 부분이 다를 수 있다.

채용된 사원이 바로 실무를 처리하며 활약하는 것도 중요하지만, 20대 지원자를 채용하는 요소는 장기적 안목에서 기업에 기여할 수 있느냐로 파악할 필요가 있다. 기업마다 바라는 인재상은 다르지만 어느 기업이든 긍정적이고 적극적으로 일하는 도전 정신을 지닌 인재를 바란다. 그렇기 때문에 20대 지원자가 어딘가 불완전해 보이지만 솔직하게 다른 사람들의 이야기를 듣고 실천하는 실행력을 가졌는지 살펴보는 것이 중요하다.

Point
- 경력이 짧은 이직자는 일에 대한 잠재력을 놓고 판단해야 한다.
- 신입사원에 비해서는 비즈니스 매너 등 사회를 알기 때문에 짧은 기간에 실무에 투입할 수 있다.

48
Talented man

30대 이직 희망자를
채용할 때 중요시해야 할 점

30대 이직 희망자는 전 직장에서 이룬 실적을 구체적으로 확인할 필요가 있다. 경력자라고 해도 회사에서 채용하려는 업무 경력이 없거나 직종이 그 전 직장의 경력을 바탕으로 얻은 강점을 살릴 수 있는 분야가 아니라면 기존사원과 함께 일하는 것을 고려할 때 그 구직자를 채용하기가 어렵다.

30대에는 개인의 실무 능력에 추가하여 관리 능력이 요구되는 경우가 많다. 개인의 능력은 뛰어나지만 조직의 일원으로 함께 일하지 못하는 사람도 있기 때문에 다른 직원들과 협조하여 일할 수 있는 사람인지 파악하는 것도 필요하다. 자기 분석을 할 줄 알아서 일할 때 자신의 강점을 알고 지원한 기업에 기여할 수 있는 면을 파악하지 않았다면 20대 지원자와 별 달리 차이가 없으며, 인건비만 높일 수 있다.

구직자들은 35세를 분기점으로 이직이 어려워진다는 것을 알고 있기 때문에 근무하면서도 이직 시기를 놓치고 싶지 않아 지원서를 내는 경우가 있다. 실업 상태의 지원자는 회사가 정해지면 바로 입사하고 싶다고 하지만 재직 중인 지원자는 현 직장에서 퇴사할 수 없다는 이유 등으로 입사를 포기하기도 한다.

입사하기 전까지는 다른 회사에서의 경험이 풍부한 만큼 구직자가 자사의 현실과 비전과 목표에 대해 충분히 설명을 듣고 이해하는 것이 필요하다. 전 직장 경력이 오래된 사람은 전 직장과 비교하여 근무 환경이 나쁘다든지, 근로 조건이 나쁘다는 이유로 다시 이직을 생각하는 경우도 많기 때문이다.

자사가 앞으로 개선할 점이나 개혁할 사항 등을 채용 단계에서 충분히 설명했지만, 조직 속에서 동료로 함께 잘 지내려는 자세가 없다면 자사의 문제점을 지적하는 평론가만 될 것이다.

채용 단계에서 반드시 얼마만큼 진심으로 입사하고 싶은지 파악하자. 많은 기업 중에서 '왜 이 회사에 입사하고 싶은가'라고 지원 동기를 물을 때 어느 기업이든 상관하지 않는다고 생각하는 지원자라면 질문에 정확하게 대답하지 못할 것이다. 바로 이 회사이기 때문에 입사하고 싶다는 지원자는 대답이 구체적이며 회사에서 활약해보일 자신의 모습을 설명할 것이다.

30대는 업무에 바로 투입되어 활약할 나이이기 때문에 실무 능력을 충분히 파악해야 한다. 회사에 도움이 되지 않는 사람이라면 동료들에게서 바로 불만이 터져 나온다. 기존사원들 또한 일에 대해서는 정확하게 판단하기 때문에 직무 능력이 뒷받침되지 않는다면 조직의 일원으로 어울리기가 어려워진다. 채용 여부를 결정짓는 중요한 요소로 실무 능력과 조직 적응력, 리더십을 겸비했는지를 잘 확인해야 한다.

Point
- 실무 면의 실적뿐만 아니라 관리 능력도 평가해야 한다.
- 자사를 얼마나 이해하는지와 입사 후 비전과 목표를 확인해야 한다.

49
Talented man

중·고령 이직 희망자를 채용할 때 중요시해야 할 점

중·고령 이직 희망자를 채용할 때 확인해야 할 요소는 과거 실적에 연연하지 않고 회사에 적응하려는 의지가 얼마만큼 강한가 하는 것이다. 기업이 중·고령 경력자 채용을 꺼려하는 이유로는 인건비가 높고, 소속된 부서의 상사 나이가 더 어려서 부서 내 결속이 어려운 점이 있으며, 풍부한 과거 실적만 내세워 업무에 대한 적극성이 부족하다는 등 여러 가지가 있다. 하지만 이러한 점들을 없앨 수 있다면 그들은 실무 경험이 풍부하다는 것만으로도 예상한 것 이상의 결과를 가져오는 인재라고 할 수 있다.

20대라면 업무 방법 등을 교육함으로써 일에 대한 생각이 점차 바뀔 여지가 있지만 중·고령이 되면 일에 대한 잠재력이나 성격이 바뀌기 어렵기 때문에 면접에서 실제 모습을 유심히 살펴보아야 한다.

중·고령 구직자들은 30대 이상의 지원자들과 같이 과거 실적이 채용 단계에서 중요하지만 이와 동시에 그 실적을 살려 기업에 어떻게 기여할지를 지원자가 파악했는지 알아보아야 한다. '입사하고 천천히 생각해보겠다'는 등 막연하게 대답한다면, 입사 후 시간이 계속 흘러가도 행동으로 옮기지 못할 수 있다. 중·고령 구직자들의 경우 과거 실적에 얽매이는 것이 아니라 지원하는 기업의 사풍에 적응하고 적극적인 자세로 일하려는 마음이 무엇보다 중요하다.

중·고령 이직 희망자들을 관리직으로 채용하는 기업들도 많다. 이럴 경우 입사 후 다양하게 벌어질 상황을 예상하고 업무를 하도록 지시해야 한다.

관리직이라면 현장을 알아야 한다며 입사자를 바로 현장에 몇 개월씩 배치하는 경우가 있다. 현장이 중요하지만 너무 오래 현장에 있으면 관리 부문 일을 하더라도 '현장은 힘들다'는 의식이 강해 개선이나 개혁을 하지 못하는 사람들이 있으므로 이러한 면도 염두에 두어야 한다.

중소기업 경영자 가운데 회사에 관리 업무를 할 수 있는 인재가 없다고 생각하여 중·고령 경력자를 관리직으로 채용하는 이들이 있다. 이럴 때 경영자는 입사 전에 지원자에게 구체적으로 일했으면 하는 업무에 대해 기일을 정하여 명확하게 지시할 필요가 있다.

그렇지 않고 어떠한 결과라도 보이지 않으면 기대한 성과를 이끌어내지 못하는 인재라고 하면서 인건비만 높다는 문제가 제기될 수 있다. 또 중·고령 구직자가 회사에서 잘 활약할 수 있도록 회사의 문제점을 그들에게 찾도록 하는 것도 필요하지만 입사 초기에는 기존사원과 관계 때문에 좀처럼 실행에 옮기지 못할 수 있다는 것도 생각해야 한다.

회사에서 성공 사례를 만드는 것이 기존사원의 신뢰로 이어진다. 갈수록 고령화되는 사회구조상 중·고령 구직자가 얼마만큼 필요한 기업인가 하는 점이 기업의 미래를 결정짓는다고 해도 지나친 말이 아니다.

Point
- 조직 적응력이 있으며 다른 사원들과 협력하려는 사람인지 파악해야 한다.
- 과거가 아니라 자사에서 어떻게 기여할 수 있는지 파악해야 한다.

50
Talented man

이력서와 직무경력서에서
읽어내야 할 것

경력자들을 채용할 때 서류 심사에서는 이력서와 자기소개서, 직무경력서를 필수로 한다. 이력서에서 맨 처음 파악해야 할 것은 학력, 직무 경력, 지원 동기, 희망 조건 등이다. 최근에는 이력서를 컴퓨터로 작성하여 이메일로 지원한다. 그래서 지원자 자신이 만든 양식에 따라 작성하여 제출하기 때문에 기재하고 싶지 않은 부분은 생략했을 수도 있어 이력서에서 요구하는 것들을 모두 충족했는지 확인해야 한다.

또 다른 회사의 채용에서 떨어져 같은 이력서를 보내는 경우도 있는데, 이럴 때는 그 지원자가 회사에 얼마나 입사하고 싶어 하는가 하는 열의와 일에 대한 열정에도 의문을 품을 필요가 있다.

경력자 채용에서는 직무경력서가 채용 여부를 판단하는 중요한 서류가 된다. 또 회사에서 실무에 바로 투입할 사람이 필요할 때 전 직장의 직무 경험을 살려 회사에 어떻게 기여할 수 있는지 생각하는 것이 중요하다. 그래서 직무경력서를 볼 때는 지원자가 자기 경력을 나열하는 데 그친 것이 아니라 강점이나 회사에 기여할 수 있는 점을 명확히 알고 있으며, 이것을 알리려고 하는지 파악해야 한다.

직무경력서나 자기소개서에 입사 지원 동기가 기재되어 있는지도 확인해보자. 총무 경험이 있기 때문에 총무직만 지원한다면 진정 회사에 입사하고 싶은지 회사에 대한 마음에 의문을 가져볼 필요가 있다. 또 면접에서 직무 능력과 지원자의 경력을 확인해봄으로써 얼마나 신뢰할 수 있는지 확인해야 한다.

지원자들은 대부분 입사하고 싶다는 한결같은 마음에서 인사담당자에게 잘 보이려고 직무경력서를 작성하기 때문에 지원자와 이야기하면서 그 지원자를 신뢰할 수 있는지 확인해야 한다.

기술직을 지원하는 사람들 중에는 직무경력서를 여러 장 제출하는 이들이 있는데, 이들은 대부분 전 직장에서의 실적이나 경험을 자세히 나열했을 것이다. 회사에서 활용할 수 있는 능력을 갖고 있는지 파악하기 위해서 필요하다면 소속될 부서의 사원에게 정보를 구하는 것도 좋은 방법이다.

1차 전형을 서류 심사로 마칠 경우 서류만으로 인재를 파악하기는 무척 어렵기 때문에 정말로 회사에 맞지 않는 지원자들만 제외해야 한다. 경력자 중에는 실력을 갖추었는데도 겸손한 사람이 있는가 하면 실력은 없는데 자신감만 넘치는 사람이 있다. 면접하는 과정에서 이력서와 자기소개서, 직무경력서에 기재되어 있는 내용이 진실인지 확인할 수 있으며, 회사에서 원하는 인재인지도 파악할 수 있다.

나열된 경력뿐만 아니라 기재된 글을 통해 회사에 대한 지원자의 마음을 읽어내야 한다는 것을 잊지 말자.

Point
- 면접에서 이력서와 자기소개서, 직무경력서 내용이 믿을 만한지 확인하자.
- 본인이 직무경력의 강점을 알고 있는지 확인해야 한다.

51
Talented man

적성검사를 하고
필기시험을 치르는 이유

채용 전형에서 면접 말고도 적성검사나 필기시험을 병행하는 경우가 있다. 적성검사를 함으로써 지원자의 본질적인 성향이나 성격, 관심분야 등을 알 수 있어서 채용 여부를 판단하는 자료로 활용할 수 있다.

적성검사 결과가 내성적이고 협동심이 부족하다고 나올 경우 팀워크로 업무를 해야 한다면 부적절하다고 판단할 수 있다. 하지만 본인의 컨디션이나 환경에 좌우되기도 하고 신뢰수준이 낮을 때 적성검사 자체에 대해 신뢰성이 떨어지기 때문에 절대적이라고는 할 수 없다.

직업적성검사는 사원을 적재적소에 배치하는 데 참고자료가 된다. 적성검사 결과를 보관했다가 채용 후 회사에서 두각을 나타내는 사원과 회사를 그만두는 사원의 적성검사 결과와 관련성을 분석한다면 사원 채용에 도움이 될 수 있다. 적성검사 결과를 바탕에 두고 의문 나는 점들을 면접에서 직접 질문함으로써 지원자의 본모습을 파악할 수 있다.

적성검사를 합격 여부를 판단하는 자료의 하나로 활용하는 것은 문제가 없지만 적성검사 결과를 너무 중요시하면 선입관이 강해져 검사 결과만으로 채용 여부를 결정짓는 경향이 있다. 적성검사는 어디까지나 참고자료다. 중요한 것은 인사담당자가 면접에서 지원자를 어떻게 느끼는가 하는 점이다.

신입사원 채용에서는 지원자의 기본 자질을 알기 위해 전공 관련 내용이나 일반 상식을 묻는 필기시험을 치르는 기업들이 많다. 또 지원자가 대부분 실무 경험이 없기 때문에 적성검사와 필기시험 결과를 바탕으로 기업마다 어떠한 인재가 입사 후 도움이 되는지 판단하는 것이 중요하다.

일반적으로 우수한 인재가 모두 회사에서도 우수한 인재가 된다고 단정 지을 수 없다. 고득점한 지원자가 회사의 인재라 생각하지 말고 여러 면에서 검토하여 회사에 맞는 인재를 찾아야 한다.

경력자의 경우 일반 상식 이상으로 업무에 대한 전문 지식을 얼마나 갖고 있는지도 중요하게 봐야 한다. 직무경력서 내용을 인정하여 채용해도 회사에서 바라는 능력이 부족하면 소속된 부서에서 업무를 처리하는 데 도움이 되지 않는다는 불만의 목소리를 듣게 된다.

직종에 따라서도 차이가 있지만 경력자를 채용할 경우 일반 상식이나 작문이 아니라 실무능력을 대략적으로라도 파악해야 한다. 채용 절차가 까다로워지면 지원자가 줄어들어서 인재를 놓칠 수 있다고 하는 인사담당자도 있다. 하지만 입사 후 일이 잘 맞지 않는다는 등의 이유로 그만둘 것을 생각한다면 채용할 때 실무 시험을 병행하는 것이 효율적이다. 시험 결과는 기존사원이 선입관을 갖지 않게 소속 부서 상사에게만 알려주어야 한다. 시험 문제도 상사가 직접 내게 하거나 경리 업무라면 고문 회계사, 인사 업무라면 사회보험 노무사에게 내게 하는 것도 하나의 방법이다.

Point
- 적성검사나 필기시험이 절대적인 것이 아니라는 사실을 잊지 말자.
- 경력자 채용 시험에서는 실무 시험으로 실력을 확인해보자.

52
Talented man
필기시험은 점수만으로 판단하지 말자

필기시험이나 적성검사는 결과를 통해 능력을 판단하는 데 효과적이지만 지원자의 인간성도 확인해볼 수 있다. 필기시험에서 지우개를 사용할 경우 지우개로 지운 것을 어떻게 처리했는지 보면 입사 뒤 조직 적응력이나 일하는 방법을 판단할 수 있다.

시험 보면서 지우개를 사용해 책상에 지우개 가루가 흩어져 있는 것을 그대로 두고 일어나는 지원자는 자기중심적인 사람으로, 상대방을 배려하는 인재가 아닐 수 있다. 자기가 사용한 지우개로 지저분해진 책상을 정리하고 일어나는 사람에 비해 시험에만 심취해 다른 것에는 신경 쓰지 못해서 배려심이 깊은 사람이라고 할 수 없다.

한편, 지저분해진 자리를 의식하여 시험 감독관에게 쓰레기통 위치를 묻는 사람은 시험 결과가 썩 좋지 않아도 남을 배려할 줄 아는 인재로, 입사 후 주위 사람들에게 협조를 얻을 인재일 확률이 높다. 필기시험도 최선을 다해 치르는 자세가 중요하지만 지우개 가루를 그대로 두고 자리를 뜨는 사람은 인간성에 문제가 있을지도 모른다.

채용 시험은 입사하고 싶다는 마음으로 응시하기 때문에 평소보다 좋게 보이려고 노력하지만 사소한 행동에서 지원자의 인간성을 엿볼 수 있다. 특히 신입사원 채용에서는 지원자들이 사회 경험이 없기 때문에 직무 능력을 판단하기가 어렵다. 학교 성적이 좋아도 일할 때는 성과를 거둘 수 있을지 없을지 미지수이기 때문에 인간성을 중시하여 채용할 필요가 있다.

대기실에서의 태도도 지우개 가루 처리와 마찬가지로 확인해보는 것이 좋다. 여러 지원자가 동시에 대기실에서 기다릴 때 편하게 이야기하는 사람, 조용히 기다리기만 하는 사람 등 여러 사람이 있을 것이다. 그리고 여러 지원자를 엘리베이터 등에 태웠을 때 제일 먼저 타는 사람, 상대방에게 양보하는 사람 등 각자 성격이 나타날 것이다.

면접도 이와 같다고 볼 수 있다. 사전에 준비한 모범 답변을 그대로 이야기하는 것으로는 채용 여부를 판단할 수 없다. 지원자의 본모습을 알기 위해 진실을 말하도록 해야 한다. 그래서 지원자의 진심을 끌어내는 사람이 뛰어난 면접관이라고 할 수 있다.

성적이 우수하다고 해도 팀워크를 깨는 사람은 혼자서도 좋은 결과를 이끌어내지 못하는 경우가 많다. 그 반면에 좋은 인간관계를 만드는 사람은 상대방을 먼저 생각하고 배려하는 행동을 취한다. 그렇기 때문에 필기시험이나 적성검사 결과를 그대로 받아들이지 말고 무의식중에 하는 행동이나 표정에서 지원자의 인간성을 예측하는 것이 인사담당자의 몫이라는 것을 잊지 말아야 한다. 만일 책상에 남겨진 지우개 가루의 중요성을 모르는 인사담당자라면 지원자의 본모습을 파악하지 못할 것이다.

Point
- 필기시험을 치르는 자세를 통해서 지원자의 본모습을 알아내자.
- 필기시험과 적성검사만으로 그 사람을 평가하지 말아야 한다.

53
Talented man

면접관은 기업의 대표다

사원을 채용할 때 면접을 보지 않는 기업은 없다. 구직자가 기업을 선택할 때 중요하게 생각하는 것은 면접관과 주고받는 내용이다. 채용 여부를 결정짓기 위해 면접관이 질문을 많이 하지만 지원자도 면접관의 말과 행동에서 입사할 가치가 있는 기업인지 판단한다.

사무실 위치가 좋고, 기업 규모가 크고 안정되어 있어도 인재를 잘 채용하지 못하는 기업이 있다. 이러한 기업의 인사담당자가 하는 말은 늘 정해져 있다. 요즘은 예전보다 지원자들 수준이 떨어져서 좋은 인재가 없다고 하는 것이다.

하지만 실제로는 지원자가 면접관을 보고 입사를 거부하는 경우도 있다. 면접관은 일상 업무 가운데 하나로 면접을 볼지 모르지만 지원자에게 면접은 인생의 앞날을 좌우할지도 모를 큰일이다.

면접관이 나이가 어리고 경험이 부족해서 잘 대처하지 못했다고 하는 것은 변명에 불과하다. 면접관은 지원자에게 기업을 대표하는 사원이다. 지원자는 면접관을 통해 기업의 미래, 근무 환경 그리고 무엇보다 입사후 '자신이 원하는 나'를 실현할 수 있는 기업인지 꼼꼼히 따져본다.

면접관은 기업의 대표자라는 인식으로 면접에 임해야 한다. 대표자라면 모집하는 직종, 소속될 부서의 내부 상황을 알고 있어야 하는 것은 당연하며, 기업의 강점과 약점, 방향성을 확실히 말할 수 있어야 한다.

경영자가 회사에 불만을 갖고 있으며, 사원을 행복하게 해줄 수 없다고 생각한다면 그 회사 사원들에게 이러한 상황은 너무도 불행한 일이다. 이와 같이 면접관이 회사에 자부심을 느끼지 못하고 불평불만을 갖고 지원자와 마주한다면 분명히 면접관의 생각이 지원자에게 전해질 것이다.

갑자기 사장 면접을 하지 않고 인사담당자에게 면접을 위임한다면 이는 면접관에게 회사 대표로 지원자와 만나라고 한 것이다.

기업의 대표자는 항상 회사를 좋게 만들고 싶어 하고 발전시키고 싶어 한다. 면접관도 이와 같은 생각으로 지원자와 마주한다면 기업 규모나 지명도가 없어도 우수한 인재를 확보할 수 있다. 사무적으로 면접을 보는 면접관과 달리 동료로서 함께 행복해지자고 하는 마음이 전해질 수 있기 때문이다. 면접관은 기업의 대표자라는 것을 명심해야 한다.

Point
- 면접관은 기업의 대표자라는 것을 인식하고 면접에 임하자.
- 지원자는 면접관을 미래 자신의 모습으로 바꿔놓고 생각할 수 있다.

54
Talented man

지원자에게 공감을 표하며
신뢰관계를 구축하라

사원을 모집하면 다양한 사람이 지원한다. 친구 관계라면 가치관이 비슷한 사람들끼리 의기투합하는 것이 관계의 큰 부분을 차지하지만, 면접에서는 때로 면접관이 갖고 있지 않은 적성이나 소양에 높은 점수를 주어 채용할 필요가 있다. 면접관 처지에서 보기 좋은 자세를 취하는 인재가 반드시 훌륭한 인재라고 단정 지을 수는 없다.

면접은 면접관과 지원자가 선을 보는 것이라고 생각한다. 그리고 채용하기 위해서는 서로 호감을 갖고 있는 것이 무엇보다 중요해서 짧은 시간에 신뢰관계를 구축해야 한다고 생각한다.

신뢰관계를 구축하기 위해 중요한 것은 상대방을 먼저 인정하고 공감하는 것이다. 성적이 나쁘기 때문에 꼭 채용해야 할 인재가 아니라고 바로 결정하지 말고 성적이 나쁜 원인이 어디에 있는지, 성적은 나쁘지만 다른 강점은 없는지 긍정적으로 평가함으로써 지원자를 이해하기 위해 노력해야 한다. 이러한 마음가짐은 분명 지원자에게 전해져 지원자도 마음을 열고 진심으로 채용 절차에 임할 것이다.

이직자도 마찬가지여서 이직 횟수가 많고 공백 기간이 길어서 채용하지 못한다고 바로 결론을 내버릴 거라면, 서류심사에서 불합격시키면 되지 굳이 면접 같은 절차는 필요 없다. 면접은 이력서와 자기소개서, 직무

경력서를 보고 판단할 수 없는 지원자의 강점을 찾아볼 수 있는 기회다. 따라서 우선 상대방을 받아들이고 이해하려는 자세가 필요하다.

면접관이 지원자에게 공감하지 않고 서로 신뢰할 수 있는 관계를 만들 수 없다면 지원자가 합격했어도 입사할 확률이 낮다. 지원자에게 면접관의 존재는 아주 크다. 그렇기 때문에 면접관을 믿을 수 없다면 아무리 훌륭한 기업이라도 입사를 주저하게 된다.

신뢰할 수 있는 관계를 만들 수 있으면 면접을 보면서 서로 동료의식이 생겨날 것이다. 면접관과 다른 타입의 지원자라도 상대방을 존중하고 인정하는 마음을 읽으면 지원자 마음도 바뀔 것이다.

중요한 것은 과거를 어떻게 바라보느냐와 경험상 무엇을 해야 하는지 알고 있는가 파악하는 것이다. 완벽한 사람은 한번 벽에 부딪혀서 문제가 생기면 기업에 별 도움이 되지 않는다. 반면 콤플렉스가 있는 사람은 같은 실수를 반복하지 않으려고 노력할 확률이 높다.

과거에 얽매이지 말고 가능성을 생각해 면접을 보겠다는 마음가짐을 갖기 바란다. 그러기 위해서는 지원자와 신뢰할 수 있는 관계를 만들어 진심을 주고받는 것이 중요하다. 사람의 힘은 위대하다. 하지만 사원에게 의욕이 생기지 않게 한다면 기업은 그 사람을 '무능력한 사람'으로 만들게 될 것이다. 사람을 파악하기 위한 첫걸음은 상대방과 신뢰관계를 만드는 것이다.

Point
- 면접은 지원자를 이해하고 공감해주는 것에서 시작된다.
- 공감이 신뢰관계를 낳아야 비로소 지원자의 본모습을 파악할 수 있다.

55
Talented man
첫인상으로 결정하지 마라

첫인상으로 확인할 것은 면접실에 들어올 때의 자세, 시선, 인사, 걷는 방법 등이다. 의욕과 열의를 갖고 있는 지원자라면 처음 인사하는 목소리에 힘이 있고, 시선은 면접관을 향하기 마련이다. 문을 노크하고 들어올 때 인사하는 것이 안정되어 있는지 보면 지원자가 얼마나 긴장했는지 알 수 있다.

인사담당자 중에는 면접에서 지원자들을 많이 만났기 때문에 과거의 면접 경험을 갖고 처음 만난 지원자의 첫인상을 결정짓는 이들도 많다. 경험을 통해 상대방을 판단하는 것은 중요하지만, 지원자들은 각자 개성을 갖고 있으며, 능력이나 경험도 다르다. 지원자가 어떠할 것이라는 예측을 첫인상으로 판단하는 것은 뛰어난 지원자를 놓칠 가능성을 내포하고 있다.

짧은 면접 시간에 채용을 결정하려다 보니 첫인상이 중요한 판단자료가 되지만 이것만으로 채용을 결정해서는 안 된다. 사람은 상대방의 첫인상을 보고 90퍼센트를 판단한다는 말도 있듯이 첫인상이 너무 강하면 이후 면접결과도 그 선입관에 따르게 된다.

지원자의 첫인상이 좋지 않으면 면접 내내 채용하지 못할 이유를 떠올리게 되고, 첫인상이 좋으면 모든 것이 좋아 보인다. 면접 볼 때 긴장을 많이 해서 지원자의 첫인상이 좋지 않으면 면접 질문을 통해 긴장을 풀게 하여 지원자의 특성을 파악할 필요가 있다.

면접관의 좋고 싫은 감정에 따라 판단하고 채용하는 것은 상당히 위험한 일이다. 자기와 맞고 취향이 같기 때문에 호감이 간다는 태도는 비슷한 적성이나 특성을 지닌 사원들만 모아놓게 되기 때문에 위험하다. 회사 분위기에 맞게 채용한다는 것만으로도 기업의 발전을 막을 수 있다.

중·고령 지원자는 개성을 바꾸기가 어렵겠지만 10대나 20대 지원자는 비즈니스 매너 교육을 실시해 인상을 바꿀 수 있다. 면접에서는 첫인상에 연연하지 말고 지원자의 능력과 잠재력을 파악하는 데 초점을 맞추어야 한다. 그리고 상대방이 주는 이미지가 나쁠 때는 좋지 않은 점에 대해 지적해보고 그 점을 바꾸려는 의지가 있는지 확인해보아야 한다.

첫인상은 인간관계에서 중요한 요소지만 오히려 첫인상으로 사람을 판단하지 말아야 한다. 20년간 계속한 인사 경험을 돌아보면, 면접 때 첫인상이 별로 좋지 않았던 사람이 입사 후 활약한 사례가 상당히 많았기 때문이다.

Point
- 첫인상의 선입관은 본모습을 왜곡할 수 있다.
- 면접하면서 지원자에게 받은 첫인상이 맞는지 구체적으로 알아봐야 한다.

56
Talented man
면접관의 기호를 기준으로 채용 여부를 결정하지 마라

지원자가 많을 때 여러 면접관이 나누어 면접을 보는 경우가 있다. 이때 통일된 채용 심사 기준을 마련해두지 않으면 면접관의 기호에 따라 채용 여부를 결정할 위험성이 있다. 여러 지원자를 한 면접관이 면접 볼 때도 회사가 원하는 인재를 주관적 판단으로 결정해서는 안 된다.

또 여러 지원자를 동시에 면접 보기 때문에 아무래도 나중에 면접 봤던 지원자의 인상이 강하게 남는다. 그래서 면접 순서로 불이익을 받지 않도록 지원자 상황이나 특징을 메모해둘 필요가 있다. 이러한 문제를 해결하기 위한 효율적인 방법으로는 면접 체크 리스트(부록 참조) 활용하기가 있다. 하지만 리스트에 내용을 써 넣는 것만으로도 시간이 들어서 지원자가 무엇인가 쓰는 것에만 집중한다고 오해할 수 있으니 주의해야 한다.

신입사원 채용이든 경력사원 채용이든 면접을 볼 때 일에 대한 잠재력이나 매너 등을 당연히 모두 확인해야 하지만 신입사원의 경우 지원자가 직무 경험이 없기 때문에 학생 시절의 성적과 살아온 모습, 장래 꿈, 성격 등이 채용 여부를 결정짓는 판단자료가 된다.

한편, 경력사원은 학생 때 성적이나 학생 시절에 중점을 둘 것이 아니라 전 직장에서의 경험을 살려 회사에 어떻게 기여할 수 있는지 파악해야 한다는 점에서 크게 차이가 난다.

면접에서 사용하는 체크 리스트는 사전에 면접관들이 판단 기준과 기입 방법을 통일해둘 필요가 있다. 후광효과와 같이 한 가지가 뛰어나면 다른 문항에서도 점수를 후하게 매길 수 있는 반면 한 가지가 나쁘면 다른 것도 점수를 좋지 않게 줄 수 있기 때문이다.

앞에서도 이야기했듯이 면접은 체크 리스트를 작성하는 것이 목적이 아니다. 짧은 시간을 효율적으로 활용하기 위해 면접 시간 내내 기본적으로 모든 지원자와 이야기하는 데 집중해야 한다. 면접하면서 체크 리스트를 작성하는 사람들은 대개 리스트 작성에 몰입하게 되며 열심히 말하는 지원자를 보지 못하고 그저 쓰고만 있어 지원자에게 불신감을 줄 수 있다. 이것은 합격해도 회사를 선택하지 않을 여지를 주게 된다.

면접이 끝나고 몇 분간 여유가 있다면 그때 면접 체크 리스트를 작성하자. 이것은 상사에게 제출하기 위해서가 아니라 면접이 끝나도 지원자의 인상이나 직무 능력을 기억하기 위해서이니 편하게 작성하는 것이 좋다.

면접은 지원자도 면접관을 면접하는 것이라고 생각하면 틀림없다. 입사할 가치가 있는 기업인지 아닌지 정하는 것이기 때문에 지원자에게 불쾌감을 주지 않도록 주의하면서 체크 리스트를 활용해야 한다.

Point
- 채용 기준을 구체적으로 세워 면접관이 주관적으로 결정하지 않게 해야 한다.
- 면접관이 잘못 판단하기 쉬운 경향이 있다는 것을 인식하자.

57 Talented man
보이지 않는 언어를 눈여겨보라

면접에서는 지원 동기, 자기 PR 등 꼭 필요한 질문을 하는데, 이에 대한 지원자의 대답 이상으로 표정이나 시선, 태도라는 보이지 않는 말에 주목하자. 지원 동기와 같은 질문은 면접을 보기 전에 대답을 준비하는 지원자가 많으며, 간혹 면접 대비서의 예시를 그대로 외워 오는 사람도 있다.

사전에 잘 준비된 대답만으로는 일에 대한 지원자의 열정이나 회사에 대한 진심을 알기가 어렵다. 그래서 지원자 생각을 들을 수 있도록 질문을 바꾸어 하거나 면접 중에 보이지 않는 말을 통해 지원자의 본심을 파악할 필요가 있다.

대답할 때 면접관과 시선을 맞추지 못하거나 시선이 흔들리거나 머리를 손으로 만지면 거짓말을 하거나 잘 보이려는 생각을 하면서 이야기하는 것일 수 있다. 사람들은 대부분 본심을 이야기할 때는 자기를 알아주었으면 하는 마음에서 상대방의 눈을 보지만 본심이 아닐 때는 떳떳하지 못하다는 생각에 시선을 피하게 된다.

말끝을 확실히 맺지 못하는 지원자도 자기 발언에 자신감이 없을 경우가 많다. 자기 발언에 자신이 없으면 말을 애매하게 하고 목소리도 작아진다. 말끝을 확실하게 맺지 못하는 지원자는 다시 설명해달라고 요구하면 전혀 다른 대답을 할 수도 있기 때문에 주의 깊게 살펴보아야 한다.

본심과 다른 이야기를 할 경우 지원자의 어조는 일반적으로 빨라진다. 면접 대비서에 쓰인 문장을 그대로 외워온 경우에도 외운 것을 면접관에게 전하려다 보니 말이 빨라진다. 빠른 어조로 대답하는 지원자는 말꼬리를 확실하게 맺지 못하는 경우와 마찬가지로 대답 내용을 신뢰할 수 있는지 의심해보는 것이 좋다.

대답 내용을 신뢰할 수 있는지 확인하는 방법으로는 구체적인 사례나 경험을 이야기해달라고 질문하면 된다. 본심이라고 느껴지지 않게 이야기한 지원자는 면접관이 구체적인 내용을 요구하면 대답할 수 없게 된다. 말꼬리가 확실하지 않다거나 말을 빨리하는 것이 지원자의 버릇인지, 거짓을 말하는지는 조금 더 구체적으로 질문해서 확인해볼 필요가 있다.

압박면접과 같이 대답하기 어려운 질문을 할 때는 대답 내용만이 아니라 지원자의 표정을 주의해서 보자. 대답 내용에 문제가 없어도 표정이 어둡거나 시선이 날카로워 보인다면 대인관계에 문제를 일으킬 수 있다. 면접에서는 대답 내용뿐만 아니라 그 이상으로 지원자의 표정과 손동작, 움직임에 주위를 기울이는 것이 중요하다.

Point
- 면접 대답뿐만 아니라 손동작과 표정, 말하는 방법을 주의 깊게 살펴봐야 한다.
- 의심 나는 부분은 그냥 넘어가지 말고 더 구체적으로 질문하자.

58
말 외의 것들에서 읽어내야 할 것

면접에서는 지원자의 말 이외의 것에서 읽어낼 수 있는 것들이 많다. 대답 내용뿐만 아니라 손동작이나 태도, 목소리 톤에서 대답의 신뢰성이나 개성을 읽어내야 한다. 채용 전형 과정에서 뛰어났지만 어딘지 끌리지 않아 채용하고 싶은 마음이 들지 않는 지원자를 본 경험은 면접관이라면 누구나 있을 것이다. 지원자의 표정이나 태도에서 자기주장이 강하게 느껴지고, 상대방의 기분을 생각하지 않는 것 같아 사원으로 받아들일 수 없다고 하는 생각하는 이들도 많다.

막연히 채용하기 어렵다고 느껴지는 애매한 이유가 아니라 왜 끌리지 않는지 그 이유를 집요하게 생각해볼 필요가 있다. 복장을 단정히 하고 면접에 오지 않으면 면접을 중요시하지 않았다는 첫인상을 갖게 된다. 하지만 지원자가 직장에 간편한 옷을 입고 출근한 뒤 옷을 갈아입지 못하고 바로 면접에 참석했을 수도 있다.

그런데 지원자가 이 상황에 대해 양해를 구하는 말을 하지 않는다면 면접관들은 예의를 모르는 지원자라고 생각할 것이다. 또 머리 스타일이나 인상도 직종이나 기업에 따라 면접관이 받아들이는 느낌은 조금씩 차이가 있겠지만, 중요한 것은 회사에 호감을 갖고 면접에 임했는가 하는 것이다. 머리가 흐트러져도 상관없어 하는 지원자는 면접을 그만큼 가볍게 생각한 것이든지, 상대방이 어떻게 받아들일지 생각하지 않은 것이다.

첫인사에서도 지원자의 열의를 느낄 수 있다. 평소보다 눈을 조금 더 크게 떠 면접관과 눈을 맞추고 인사할 수 있는 지원자는 채용되었으면 하는 마음이 있다고 생각할 수 있다. 반면 시선을 피하며 작은 목소리로 면접관을 보며 대충 인사하는 지원자는 입사하고 싶은 강한 의욕이 없든지, 입사에서 계속 떨어져 자신감을 잃었을 수 있다.

목소리 톤도 주의해서 들어야 한다. 자신을 드러내려고 주위를 생각하지 않고 큰 소리로 이야기하는 사람은 입사 후에도 다른 사원과 잘 어울릴 수 없다. 작은 소리로 자신감 없이 이야기하는 사람도 마찬가지다. 면접 중에 시선을 피하고 손으로 머리카락이나 얼굴을 만지는 등 불안해하는 사람은 대답 내용을 믿을 수 있는지 의심해야 한다. 이런 지원자들에게는 더욱 구체적으로 질문해보자.

대답 내용은 특별히 문제가 없지만 말하는 방법에 문제가 있어 호감이 안 가는 지원자도 있다. 희망 급여에 대해 대답할 때 회사 내규에 따라야 하지만 자신은 얼마를 희망한다고 이야기하며 회사 입장을 생각하는 것과 대뜸 얼마를 받고 싶다고 하는 것은 지원자에 대한 면접관의 인상을 다르게 하는 부분이다. 면접 중에 지원자의 대답에 자사에 대한 호감을 갖고 있는지는 대답 내용뿐만 아니라 태도, 표정, 목소리 톤, 상대방을 배려하는 마음에서도 확인해야 할 중요한 요소다.

Point
- 면접에서는 표정, 손동작, 태도, 목소리 톤으로 지원자의 본모습을 파악한다.
- 같은 대답이라도 한마디를 덧붙이는 것만으로 인상은 바뀔 수 있다.

59
Talented man
함께 식사하며 지원자의 본모습을 파악하라

지원자는 면접 볼 때 채용되기 위해 모범적인 답을 말하려고 노력하는 경우가 많다. 입사 후 지원자나 기업이 서로 맞지 않는다는 생각을 하지 않으려면 가능한 한 서로 본모습을 알고 채용 과정을 진행할 필요가 있다.

그렇기 때문에 면접뿐만 아니라 채용을 결정하기 전에 식사할 수 있는 자리를 마련하거나 면접은 아니지만 소속될 부서의 선배사원들과 이야기할 수 있는 자리를 마련하는 것도 좋다.

인사담당자는 채용 인원수를 채우는 데 신경을 곤두세워 다른 복잡한 과정에 신경 쓸 시간이 없다고 할 수 있지만, 입사 후 직원이 바로 그만두는 경우를 생각한다면 입사 전에 시간을 들여 지원자의 본모습을 아는 것이 중요해진다.

특히 신입사원 채용에서는 직무 경험이 없어서 적성이나 일에 대한 잠재력이 중요한데, 지원자들이 모범적인 답을 준비해서 대답하기 때문에 채용 여부를 판단하기가 어렵다. 또 일반적으로 여러 기업의 채용설명회에 참석한 뒤 지원하기 때문에 얼마만큼 입사하고 싶은지 식사하는 편안한 자리에서 확인해보는 것이 좋다.

신입사원을 채용할 때 1차 면접을 마친 뒤 입사하고 싶은 지원자 전원을 식사 모임에 참석하도록 함으로써 1차 면접 때 높은 평가를 받지 못한 사람의 새로운 매력을 발견할 수 있다. 식사를 같이할 때 가능한 한 인사담당자뿐만 아니라 선배사원, 소속될 부서의 상사 등도 함께하면 전에는 알지 못했던 지원자의 진심을 알게 될 수도 있다.

경력자 채용에서도 헤드헌팅과 같은 방법으로 채용하는 것을 생각해보자. 경력자를 채용할 때 모든 지원자가 아니라 눈에 띄는 지원자만 놓고 자리를 마련하는 것도 상관없다. 오히려 지원자에게 관심이 있다는 인사담당자의 태도는 지원자로 하여금 자신에 대해 좋게 평가한다는 것을 느끼게 하는 절호의 기회가 될 수 있다. 첫 면접을 본 뒤 회사를 소개한다는 명목으로 함께 식사하는 자리를 마련하면 면접에서 몰랐던 지원자의 사고방식이나 마음가짐을 알 수 있다.

식사를 함께한다는 것은 서로 신뢰관계를 키우는 절호의 기회를 만드는 것이다. 아무것도 하지 않아도 지원자들이 몰려 채용할 수 있는 기업이라면 특별한 절차가 필요하지 않을지 모르지만 합격 후 입사하지 않거나 입사 후 회사에 정착하지 못하고 얼마 안 있어 그만두는 사람이 많은 기업은 채용 절차 중에 함께 식사하는 자리를 마련하는 등 기존의 채용 전형 방법을 바꿔보자.

Point
- 면접 이외의 자리를 마련하여 지원자의 본모습을 파악하라.
- 경력자 채용에서 인재라고 생각되는 지원자에게는 면접 이외의 자리를 마련하여 특별한 존재임을 알리자.

60 Talented man
커뮤니케이션 능력을 파악하라

커뮤니케이션 능력이라고 하면 말을 얼마만큼 잘하는지 파악하는 데 주력하는 경향이 있지만 지원자가 얼마만큼 이야기를 잘 들을 수 있는 인재인가 하는 점도 채용 판단을 하는 데 중요한 요소가 된다.

상대방의 말을 잘 듣지 못하는 사람은 자기중심적인 사고방식으로 자기주장을 펴기 때문에 조직 적응력이 부족한 경우가 많다. 커뮤니케이션 능력이 있는 인재는 상대방의 주장을 듣고 파악하여 그에 맞는 말과 행동을 취할 수 있다.

면접관이 일방적으로 질문해서 지원자가 대답하는 면접 방식으로는 커뮤니케이션 능력을 파악할 수 없다. 면접관이 묻는 질문에 지원자가 대답한 것 중 관심이 가는 내용에 대해 더욱 구체적으로 질문하면 지원자는 준비한 대답으로 대처할 수 없게 된다. 이때부터 면접관이 일방적으로 질문하는 면접이 아니라 면접관과 지원자가 서로 대화하는 면접을 할 수 있게 된다.

면접은 지원자와 말을 주고받는 것이 중요하다. 이야기를 듣고 그 이야기를 어떻게 받아들여서 대답하느냐로 커뮤니케이션 능력을 판단해야 한다. 상황에 맞게 대답하기 위해서는 면접관의 질문 내용과 의도를 순간적으로 판단하고 대답할 필요가 있다.

커뮤니케이션 능력이 있는 지원자는 질문에 맞장구를 치며 공감을 표현하는 손동작이나 표정을 한다. 질문할 때 맞장구를 치지 않으며 시선이 면접관을 향해 있지 않다면 실제로 일할 때 상대방에게 불쾌감을 줄 수 있다.

말을 잘하는 사람보다 말을 잘 들을 수 있는 사람에게 사람들이 몰리지 일방적으로 이야기하는 자기중심적인 사람에게는 사람들이 몰리지 않는다. 지원자의 본모습을 파악하기 위해서는 대답한 것 말고도 그 이야기를 이해하고 상황에 맞게 대처할 수 있는지 살펴보는 것이 중요하다.

특히 눈에 띄지는 않지만 주위에 사람들이 많이 몰려 있는 사원은 상대방 처지가 되어 이야기를 들어주는 커뮤니케이션 능력이 뛰어난 사람이라고 할 수 있다. 지원자가 평소에 다른 사람들의 말을 어떻게 듣는지는 면접에서 흔히 받을 수 없는 질문을 던져 말을 주고받으며 파악할 수 있다.

이와 같은 것은 입사 후 회사에서 활약하는 인재를 채용하기 위해 중요한 요소 중 하나다. 그렇기 때문에 면접관은 지원자와 다양한 말을 주고받을 수 있는 마음의 여유를 가질 필요가 있다.

Point
- 지원자와 말을 주고받으며 커뮤니케이션 능력을 파악해야 한다.
- 지원자가 말에 맞장구를 치는 것부터 말을 얼마나 이해하고 공감을 나타내는지를 살펴봐야 한다.

61
Talented man

여러 면접관을 통해
지원자의 배려심을 파악하라

여러 면접관이 함께 면접 볼 때 지원자가 시선을 어떻게 처리하는지 주목해보자. 지원자 중에는 질문한 면접관에게만 시선을 맞추고 대답하는 이가 있는데, 이러한 사람은 일상생활에서도 남을 배려하지 않을 수 있다.

면접에서는 모든 면접관이 채용 여부를 판단한다는 것을 알고 있다면 질문한 면접관만 보며 이야기할 것이 아니라 모든 면접관에게 자신을 알려야겠다는 마음으로 그들과 시선을 맞출 것이다. 주위 사람들을 얼마나 배려하는 인재인가 하는 것은 입사한 뒤 인간관계를 생각해볼 때 중요한 부분이다.

상대방의 말에 공감한다는 것을 느끼게 하는 맞장구도 신뢰관계를 만들기 위한 중요한 자질이지만, 여러 사람이 이야기할 때는 모든 사람과 함께 이야기하려고 하는 마음가짐이 중요하다.

긴장했기 때문에 대답에만 몰두하여 주위 사람들을 미처 신경 쓰지 못한 것이라고 생각할 수도 있지만 자신을 알아주었으면 하는 마음이 강하다면 특정한 사람에게만 이야기할 것이 아니라 채용 여부를 판단하는 모든 면접관에게 이야기하려는 자세가 필요하다.

지원자의 능력이나 경험도 중요하지만 인간성은 일에 대한 잠재력을 파악하기 위해 중요하다. 아무리 우수한 사람이라도 능력을 발휘하고 싶다거나 열심히 하고 싶다는 마음이 없다면 기업에서는 그저 평범한 사람에 불과할 것이다.

여러 사람과 눈을 맞춰가며 이야기할 수 있는 사람은 커뮤니케이션 능력이 있는 것이다. 상대방이 자기 말을 이해하는지 확인하면서 모두 자기 말을 이해할 수 있도록 이야기하는 사람이라고 할 수 있다.

면접관은 지원자를 지원자의 대답만으로 판단해서는 안 된다. 모범적인 답은 면접 대비서 등을 읽으면 어느 정도 할 수 있다. 하지만 개인의 특성은 좀처럼 개선할 수 없다.

이야기를 잘 들을 수 있는 사람은 항상 이야기 내용이 자세하고 상대방을 의식하며 말한다. 상대방이 자기 말을 얼마나 이해하는지 신경 쓰는 사람은 자기중심적인 생각을 하는 것이 아니라 상대방의 표정이나 움직임을 통해 이야기 내용을 바꿀 수 있는 인재라고 할 수 있다.

특히 영업직이나 서비스업의 경우 상대방에게 불쾌감을 주기 않기 위해서도 계속해서 상대방을 배려할 줄 아는 인재가 필요하다. 면접관에게 보내는 시선을 통해 그러한 인재인지 파악해보자.

Point
- 여러 면접관에게 눈을 맞출 수 있는 지원자는 조직 적응력이 있는 사람이다.
- 상대방을 의식하면서 이야기할 수 있는 사람은 비즈니스를 잘 진척해나갈 수 있는 인재다.

62
Talented man

지원 동기로 기업에 대한 기여도를 파악하라

지원 동기는 면접 중에서 중요한 질문 사항이다. 지원자들은 기업에 지원한 이유로 '관심이 있다', '지금까지의 경험과 같다', '근무지가 집에서 가깝다'는 등 개인적인 것을 바탕으로 대답한다. 하지만 지원한 그 기업이기 때문에 입사하고 싶다는 마음이 강하다면 다른 회사가 아니라 이 회사이기 때문에 지원한 구체적인 이유와 지원한 회사에서 자신이 기여할 수 있는 일까지 설명해야 한다.

신입사원 채용에서는 일하고 싶은 직종과 그 동기를 말할 수 있지만 회사에 대한 마음까지는 이야기하지 못하는 사람들이 많다. 요즘 대졸 신입사원들은 평생 고용을 생각하지 않기 때문에 지원한 기업을 특별하게 생각하지 않는 이들이 많다는 것을 인사담당자는 알고 있어야 한다.

경력자의 경우 업무가 전 직장이나 현 직장과 같다는 이유만으로 지원했다고 하는 이들이 있는데, 이러한 지원자는 조건이 더 좋은 회사가 나타나면 입사하지 않을 확률이 높다. 입사한다고 해도 회사를 금방 떠날 수 있다.

지원자가 지원 동기를 말할 때 '동기'라는 단어에서 자기중심적으로 대답하는 것은 어쩔 수 없지만 3년 뒤 무엇을 하고 싶은지 물었을 때 회사에 기여하는 모습을 이야기하지 않는다면 채용 자체를 신중하게 검토하는 것이 좋다.

 신입사원 채용에서는 직무 경험이 없기 때문에 지원자 자신의 적성이나 강점, 성격을 고려하려 미래 모습을 구체적으로 그리며 지원 동기를 밝히는지에 중점을 두어야 한다. 다소 다듬어지지 않았다고 해도 일에 열의가 있다면 장래에 커갈 인재가 될 확률이 높다.

 경력자의 경우 회사가 모집하는 업무에는 경력이 없어도 지금까지 해온 실무를 얼마만큼 파악하고 있는가, 그리고 앞으로 무엇을 하고 싶은가를 면접관에게 쉽게 설명할 수 있는지 확인해야 한다. 지원 동기는 어떻게 말할지 준비해오는 경우가 많으므로 대답을 잘했다고 해서 회사에 어울리는 인재라고 판단하는 것은 무리가 있다.

 일을 놓고 인생을 그려 나가며, 자신이 되고 싶은 모습을 지원 기업에서 실현할 수 있는지를 구체적으로 말하는 지원자는 회사의 재산이 될 확률이 높다.

Point
- 지원한 회사에서 일하고 싶은 구체적인 이유를 살펴봐야 한다.
- 자신이 되고 싶은 모습이 명확한지 지원 동기를 보면서 파악해야 한다.

63
Talented man
지원자가 상상한 3년 뒤 모습으로
회사에 대한 생각을 파악하라

회사에 입사한 모습을 상상하여 3년 뒤나 5년 뒤의 모습에 대해 물어본다면 지원자가 얼마만큼 회사에 입사하고 싶어 하는지 확인할 수 있다. 지원 동기를 어떻게 말할지 미리 준비해왔어도 정말로 입사하고 싶은 의지가 없으면 입사 뒤 자기 모습을 그리지 못한다.

그러나 정말 입사하고 싶으면 그 기업에 대해 자세히 알고 싶어 하며, 실제로 자신이 입사하면 어떤 모습일지를 상상하는 것은 자연스러운 일이다.

지원 동기를 묻는 대신 3년 뒤나 5년 뒤의 모습을 물어도 좋다. 예상하지 못한 질문을 받았을 때 약간 당황할지도 모르지만 진심으로 입사하고 싶다면 눈을 반짝이며 대답할 것이다.

대답할 때 회사에 기여하고 싶다는 말이 담겨 있는지 확인해보자. 경력을 쌓고 싶다거나 능력을 키우고 싶다고 대답하는 사람들이 있는데, 이것만으로는 자기중심적인 생각이라고 할 수 있으며, 회사를 학교와 혼동한다는 느낌을 받게 된다.

10년 뒤, 20년 뒤 자기 모습은 예측할 수 없어도 3년 뒤 목표가 없다면 단순히 먹고살기 위해서 일하려는 사람일지도 모른다. 자신이 되고 싶은 모습이 명확하고, 지원한 기업에서 실현할 수 있을 것이라고 생각하는 사람은 대답에 신념이 담겨 있으며, 자기 모습을 더욱 구체적으로 그리게 된다. 그렇기 때문에 면접관의 질문에 흥분해서 대답할 수도 있다.

이 질문을 통해서 지원자가 회사에서 바라는 인재와 맞지 않는 대답을 하는 것도 볼 수 있다. 예를 들어 본인이 재무 업무를 하고 싶다고 대답해도 그 시기에는 재무 업무의 비중이 적거나 없을 경우다. 지원자가 말한 업무를 하기 어려울 때는 면접할 때 확실히 말해야 하는데, 이 대답을 무시하고 그저 사람이 마음에 들어 채용하면 지원자에게 불행한 일이 생길 수 있다. 그래서 그 회사에 정착하지 못하고 그만두게 된다.

지원자가 입사 뒤 바로 그만둔다면 회사로서도 채용 전형에 들인 시간이나 교육비, 인건비 같은 비용이 모두 헛되게 되고 만다. 지원자가 회사에서 능력을 발휘하여 기업에 기여하기를 바라는 것은 채용에서 무엇보다 중요하다. 그렇기 때문에 지원자의 경력과 비전을 이해하고 그것이 회사에서 실현될 수 있는 것인지 파악해야 한다.

회사에서 일을 통해 꿈이나 목표를 이룰 가능성이 있어야 지원자의 의욕도 높아진다. 지원자가 말한 3년 뒤 모습을 확인하고, 대답 내용뿐만 아니라 표정이나 손동작을 보며 그 내용이 믿을 수 있는지 확인하며, 의문점이 있다면 구체적으로 질문하여 확인해야 한다.

Point
- 3년 뒤 모습을 물어 회사에 대한 생각을 확인해야 한다.
- 3년 뒤 자기 모습을 그릴 수 있는 지원자는 입사하고자 하는 의욕이 강하다.

64
Talented man

퇴사 이유를 들어 조직 적응력과 인내심을 파악하라

사원들과 사이가 좋지 않아서 전 직장을 그만두었다고 하는 지원자가 있을 때 그 지원자가 입사한다면 문제가 생길 수도 있다고 생각해야 한다. 사실 이직자들은 대부분 상사나 동료와 사이가 좋지 않다거나, 대우가 나쁘다거나, 근무 환경이 바뀌었다거나 하는 부정적인 이유로 퇴사한다. 그렇기 때문에 퇴사 이유를 물어서 지원자가 이러한 상황을 어떻게 생각하는지, 어떻게 대처하는지 확인할 필요가 있다.

퇴사 이유로 전 직장이나 현 직장의 문제점을 말하는 사람들이 있는데 이들은 다른 회사에 입사해도 자기 생각과 같지 않으면 불만스러워하거나 푸념만 하다가 결국 또 퇴사할 수 있다. 퇴사 이유로 파악해야 할 것은 전 직장이나 현 직장에서 실현하지 못한 일을 이 회사에서 실현해보고 싶다는 열정이다.

이직 횟수가 많은 지원자의 경우 어떠한 마음으로 지원했는지 확인해보자. 과거에만 머물러서 미래로 눈을 돌리지 못하는 지원자도 문제지만, 이직을 반복한 것에 전혀 신경 쓰지 않는 지원자도 입사 후 바로 그만둘 확률이 높다. 왜 이직을 반복했는지, 이직 횟수가 많아도 자기만의 생각을 갖고 이직했는지, 지원자 자신이 각각의 상황을 잘 파악하고 있는지, 앞으로 경험을 살리고 싶은 마음이 있는지 확인해야 한다.

질병 때문에 전 직장을 퇴사했다면 현재 업무에 어떠한 영향을 미치게 될지 확인해야 한다. 병에 걸리거나 다치는 것은 의지와 상관없는 일이다. 과거에 병이 있었기 때문에 채용하기 어렵다고 짧게 생각하지 말고 병이 업무에 지장을 줄지 판단해야 한다.

퇴사하고 나서 공백 기간이 긴 경우 그 시간을 어떻게 보냈는지 확인해야 한다. 지원한 업무에 관련된 자기소개 등을 할 때 어느 정도 기술을 갖추고 있는지도 자세히 물어본다.

면접관 중에는 이직 횟수가 많거나 공백 기간이 긴 지원자는 채용하지 않는다는 이들도 있다. 하지만 인사담당자는 지원자가 과거의 일이 아니라 앞으로의 일을 어떻게 생각하는지를 채용 여부를 결정짓는 중요한 요소로 보아야 한다. 의미도 없이 퇴사를 반복하거나 문제의식이 없거나 정기적으로 공백 기간을 갖는 지원자에게는 우리 회사도 그저 지나가는 곳에 불과할 수 있다.

과거 경력만 놓고 보지 말고, 지원자와 이야기해봄으로써 일을 어떻게 생각하는지 파악해야 한다. 과거를 반성하는 지원자는 자기 자신을 주시하여 강점과 약점을 파악하고 있는 경우가 많다. 서류만으로 판단해서는 뛰어난 인재를 채용할 수 없다.

Point
- '~이 싫었기 때문에'라고 하는 것이 퇴사 이유일 때는 신중하게 판단해야 한다.
- 퇴사 이유에서 과거보다 미래를 더 생각하는지를 파악해야 한다.

65
Talented man
장단점을 물어 자기 분석력이
있는지 파악하라

장점과 단점에 관한 질문은 면접에서 빠지지 않는 것 가운데 하나다. 면접에서 꼭 나오는 질문들은 지원자들이 예측하고 대답을 준비해오는 경우가 많다. 그래서 장점을 말했을 때 얼마만큼 신뢰할 수 있는지 파악해야 한다.

지원자가 구체적인 사례를 들어 이야기하는지 보고, 사례를 이야기하지 않았을 때는 면접관이 질문해보는 것이 좋다. 예를 들어 포기하지 않고 끝까지 해내는 점이 장점이라고 대답했을 때 경력자라면 직무 경험과 관련된 사례를, 신입사원이라면 학생 때의 구체적인 사례를 들어달라고 하는 것이 한 가지 방법이다. 갑자기 물어보아 대답하기 어렵다고 한다면 신뢰성을 의심해볼 만하다.

단점은 장점의 반대되는 내용으로 별문제 없이 대답하는 지원자들이 많다. 이때 단점을 어떻게 보완해왔는지, 보완하면서 어떠한 것을 배웠는지 등 더 자세하게 질문하면 지원자의 실제 성격을 알 수 있다.

지원자 중에는 단점이 급한 성격이라고 대답하는 이들이 있는데, 조직 적응력에 문제가 있어 보이는 단점은 채용 후에도 문제가 될 수 있다. 본인이 단점을 알고 있다는 것은 좋지만 안다고 하면서 변명할 수 있는 면이 있다. 자기 단점이 문제가 될 때 원래 급한 성격이라서 그렇다는 말로 피해갈 가능성이 있다.

또 단점이 없다고 자만하며 이야기하는 사람이 있는데, 단점이 없는 사람은 없다. 그렇기 때문에 그렇게 말하는 사람은 어떻게 보면 자기 분석이 돼 있지 않았을 수도 있다. 자존심이 강하거나 실수나 실패한 책임을 다른 사람에게 전가하는 사람인지도 모른다.

장점이나 단점은 자기 PR을 하라고 하는 질문과 같지만 자기를 얼마만큼 알고 있느냐를 확인하는 질문이기도 하다. 자기를 모르는 사람은 입사 후에도 자기를 모르기 때문에 마음이 불안정하여 회사에 잘 정착하지 못하는 경우가 많다.

장점과 단점은 지원자의 대답을 바탕으로 이야기를 주고받을 질문으로도 적합하다. 장점이나 단점의 사례에 면접관이 관심을 보이면서 더 자세히 질문하면 지원자의 커뮤니케이션 능력을 확인해볼 수 있다.

의례적인 질문이라고 지원자의 대답을 흘려듣는다면 회사에 적합한 인재를 채용할 수 없다. 인사담당자는 회사에 정착하는 인재, 그만두는 인재의 경향을 사전에 파악하여 지원자가 어느 쪽에 해당하는지 검토해야 한다. 뛰어난 인재라 해도 생각이 한쪽으로 기울어 회사와 맞지 않는다면 채용을 신중히 검토하는 것이 필요하다.

Point
- 단점을 말할 수 없는 지원자라면 자기 분석 능력에 의문을 가져볼 필요가 있다.
- 지원자의 장점과 단점을 듣고 구체적인 사례를 물어보자.

66
Talented man
지원자의 질문을 들으면서 회사에 대한 열의를 파악하라

면접이 모두 끝나고 회사에 질문이 있는지 면접관이 지원자에게 확인하는 경우가 많다. 이때 지원자가 면접관에게 어떠한 질문을 하는지 봄으로써 지원자의 열의를 파악할 수 있다.

그저 무표정하게 '특별히 없다' 고 대답할 경우 지원자가 열의를 갖고 있는지 의심해볼 필요가 있다. 면접관이 충분히 설명해서 질문이 없을 때도 있지만 정말 입사하고 싶다면 '특별히 질문은 없지만 자세한 설명을 듣고 더 입사하고 싶어졌다' 는 등 본심을 드러낼 것이다.

자신에게 맞는 회사인지 파악하기 위해서는 지원자가 면접관에게 질문하는 것이 중요하다. 특히 자세한 설명이 곁들여지지 않았던 구인광고의 정보만으로 회사의 실상을 파악하기는 어렵다. 이직을 계획한 지원자라면 회사에 불안한 점이나 의문점을 상세히 질문할 것이다.

질문에서 오는 느낌도 중요하게 여기자. 회사에 불신감을 갖고 질문하는지, 입사하고 싶어서 많은 것을 묻는지 파악할 필요가 있다. 이직으로 대우가 달라지는 것을 걱정해서 근로 조건이나 직장 환경만 질문한다면 항상 회사가 무엇인가를 해주어야 한다고 착각하는 지원자임이 틀림없다.

긍정적인 지원자는 구체적인 업무 내용이나 개선점을 확인해두고 싶은 마음이 들 것이다. 또 질문 내용이 지원자 본인에 관한 것이 아니라 회사

발전에 기여하고 싶은 마음이 바탕에 있을 것이다.

면접관이 근무 환경 등에 관한 질문에 애매하게 답변한다면 지원자의 애매한 대답을 면접관이 좋게 평가해주지 않는 것처럼 지원자도 면접관의 대답을 들으며 입사할 가치가 있는지 다시 생각해볼 것이다. 물론 불가능한 것을 가능하다고 대답해서는 안 되지만, 현재 상황을 이야기하고 개선할 점이 있다면 개선해나가겠다는 긍정적인 답변을 하는 것은 가능하다.

경력자 채용이라면 세상에 완벽한 기업은 없기 때문에 지원자에게 터놓고 좋은 방향이나 개선 방법을 묻는 경우가 많다. 이때 회사가 지원자에게 무엇을 바라는지를 정확하게 이야기하여 지원자의 의욕을 높이는 것도 가능하다.

신입사원 채용의 경우 지원자가 간단한 질문을 하거나 사회인이라면 알 만한 상식적인 사항을 질문하는 경우도 많지만 이를 무시해서는 안 된다. 집단 면접의 경우 다른 지원자들도 면접관이 대답할 때의 표정을 주시한다.

면접관이 불쾌감을 나타내면 그 자리에 있는 지원자 모두에게 그 기분이 전해진다. 당연한 질문이라도 성의 있게 대답해줄 수 있는 넓은 마음이 면접관에게 요구된다는 것을 잊지 말자.

Point
- 지원자가 기업에 대해 구체적으로 질문하는 것을 들으며 회사에 대한 열의를 파악할 수 있다.
- 면접관은 지원자의 질문에 신경 써서 대답해야 한다.

67
Talented man

압박면접으로 스트레스
내성을 파악하라

압박면접이란 지원자가 대답하기 어려운 질문을 하여 지원자의 대답이나 표정 등 반응을 보며 지원자의 실제 모습을 파악하는 면접 방법이다. 압박면접을 자주 하면 지원자가 면접관에 대해 나쁜 인상을 갖게 되기 때문에 주의해야 한다.

면접관은 압박면접의 목적이 어디까지나 채용을 전제로 하여 지원자를 더 잘 알기 위함이라는 것을 잊어서는 안 된다. 면접관 중에는 채용할 생각이 없으면서 지원자를 곤란하게 하려고 답하기 어려운 질문을 하는 이들이 있다. 이러한 사람은 면접관으로서 자격이 없다.

이직자의 경우, 압박면접으로 '이직 횟수가 많은데 우리 회사에서는 계속해서 열심히 일할 수 있겠습니까?' 라는 질문을 강한 어조로 해보자. 아무 말 못하는 지원자라면 입사해도 조금 심하게 지적을 받았을 때 아무 말도 못하는 사람일지 모른다.

압박면접을 하면 지원자의 대답에서 스트레스를 얼마만큼 참아낼 수 있는 사람인지 확인할 수 있다. 비즈니스 사회에서는 하기 싫은 일이나 어려운 일도 많다. 그러한 상황에 빠졌을 때 참아내지 못하고 바로 그만둔다면 입사해도 활약하리라고 기대할 수 없을지 모른다.

어려운 질문을 했을 때는 지원자의 대답 내용뿐만 아니라 표정도 잘 살펴보자. 기분 나쁜 표정으로 면접관을 바라본다면 회사에 입사하여 상사나 손님에게 좋지 않은 말을 들었을 때도 이와 같은 모습으로 대할 수 있다.

요즘에도 면접에서 대답하고 싶지 않은 질문을 받았다며 다음과 같은 질문에는 어떻게 대처해야 하냐고 상담을 청하는 여성 이직 희망자들이 있다. 예를 들면 '결혼은 할 계획이 없나요?', '여자들은 남자가 생기면 바로 그만두죠' 등 면접관이 남녀를 차별하는 질문을 하는 것이다.

압박면접은 앞에서도 서술한 것과 같이 지원자를 채용하고 싶다는 마음을 바탕으로, 그 지원자가 회사에서 활약했으면 하기 때문에 답하기 어려운 질문을 하는 것이다. 혼자서 자녀를 키우는 여성 지원자에게 야근이 있는데 자녀를 키우기에 문제가 없냐는 질문은 대답하기 어려울 수도 있지만, 질문에 앞서 그 질문은 지원자가 입사하여 어려움을 겪지 않도록 하기 위한 것이거나 문제 해결을 위한 것이라고 알린다면 지원자의 진심을 들을 수 있을 것이다.

압박면접은 면접관과 지원자 사이에 신뢰관계가 만들어졌느냐에 따라서 지원자가 받아들이는 느낌이 다르다. 압박면접은 의미 없이 지원자에게 대답하기 어려운 질문을 하는 것이 아니라 입사했을 때 서로 맞지 않는 일이 생기지 않도록 확인하는 방법 가운데 하나라는 것을 잊지 말아야 한다. 또 압박면접을 마친 뒤에는 지원자에게 친절하게 이야기하는 등 지원자의 기분에 신경 쓰며 면접을 진행해야 한다.

Point
- 압박면접을 자주 하면 지원자의 열의가 식게 된다는 것을 잊지 말자.
- 압박면접으로 스트레스 내성이나 조직 적응력을 판단할 수 있다.

68
Talented man

지원자가 대답을 미리
준비하지 못했을 질문을 하라

지원 동기나 자기 PR 등 면접에서 흔히 하는 질문에는 지원자가 답변을 준비하는 일이 많아 모범적이고 다듬어진 답을 하는 경우가 있다. 모범적인 답이더라도 지원자가 생각하는 진심이 담긴 말이라면 문제가 없지만 입사하기 위해 꾸며진 답이라면 지원자의 대답만 듣고 채용 여부를 판단하는 것은 위험하다.

지원자의 진짜 생각이 담긴 말을 듣기 위해서는 지원 동기, 퇴사 이유, 자기 PR 등 잘 알려진 질문뿐만 아니라 지원자가 예측하지 못했을 질문을 해야 한다.

일반적인 지원자는 자신의 좋은 점만 알리고 싶기 때문에 예를 들어 이직 희망자에게 그동안 일하면서 실수한 사례를 물어본다면 예상하지 못한 질문에 당황해할 수 있다. 이때 실수했던 사례가 없다고 하는 지원자는 단점이 없다고 하는 것과 마찬가지로 자신감이 넘치거나 문제의식을 갖고 있지 않을 수 있다. 신입사원 채용이라면 아르바이트하면서 실수했던 사례를 확인해보는 것도 좋다.

일에서 우선시하는 사항 세 가지도 사전에 예측할 수 없는 질문 중 하나다. 우선시하는 사항을 하나는 말할 수 있어도 일에 대해 진지하게 생각해보지 않은 사람이라면 자연스럽게 세 가지를 모두 이야기할 수 없다.

또 자신이 일할 기업을 선택할 때 꼭 갖추어야 한다고 생각하는 점을 질문해도 좋다.

면접에서 나올 만한 질문 이외의 질문은 지원자의 진심을 끌어낼 확률이 높다. 모범 대답을 한 지원자가 조금 달라진 질문을 받고 정말로 자신이 생각하는 이야기를 해야 할 상황이 만들어질 수 있다.

일반적인 면접 질문과 다른 질문을 한다고 해서 가정환경이나 여성 지원자의 경우 앞으로의 자녀 계획 등 지원자의 개인적인 부분을 묻는 것은 기업의 이미지를 떨어뜨릴 뿐만 아니라 특히 고졸사원 채용에서는 민감한 사항이다. 그렇기 때문에 어디까지나 일을 기본적인 축으로 하여 질문을 한정해야 한다.

면접관은 인생 상담을 하는 것이 아니라 지원자가 업무를 하면서 이익을 창출하는 데 기여할 수 있는지 파악해야 한다. 이것을 제대로 이행하지 못하면 훌륭한 인재를 채용하지 못할뿐더러 지원자가 문제를 제기할 수도 있다.

Point
- 흔한 면접 질문만으로는 지원자의 진심을 알아내기 어렵다.
- 지원자가 예측하지 못했을 질문을 하여 회사에서 활약할 수 있는 인재인지 파악해야 한다.

69
Talented man

대졸 신입사원 채용에서는
아르바이트 경험을 물어라

대졸 신입사원 채용에서는 본인의 전공이나 성적도 참고자료가 되지만 아르바이트 경험으로도 지원자에 대해 알 수 있다. 어떠한 아르바이트를 해왔는지, 아르바이트하면서 얻은 것은 무엇인지 등을 확인해보면 일에 대한 지원자의 기본자세를 파악할 수 있다.

동아리 활동 등의 사정으로 짧은 기간 아르바이트를 반복했을 때는 어쩔 수 없지만 동아리 활동도 별로 하지 않았는데 짧은 기간에 아르바이트를 그만두었을 때 지원자와 이야기하면서 조직 적응력이나 커뮤니케이션 능력을 확인해보는 것이 좋다.

아르바이트 경험이 전혀 없다면 왜 아르바이트를 하지 않았는지 확인할 필요도 있다. 이공계열 등이어서 학업에 열중하기 위해 하지 않았다고 하면 성적 등을 확인해서 아르바이트를 하지 않았던 상황을 이해할 수 있는지 살펴보자.

대학 시절 아무것도 하지 않으며 지낸 지원자 가운데는 취직을 하려는 목적의식이 없는 이들도 많다. 학생 시절을 어떻게 보냈는지 듣고 일하기 위해 긍정적인 방향으로 도전할 수 있는 인재인지 파악하는 것이 중요하다.

아르바이트 경험을 물었을 때 편의점에서 일했다고 한마디로 대답하는 학생에게는 기대할 것이 적다. 편의점에서 일하면 고객의 특징, 인기 상품, 상품 진열 등 앞으로 일할 때 강점이 될 만한 점들을 쌓을 수 있다. 이러한 점은 신경 쓰지 않고 단지 돈을 벌기 위해서 아르바이트를 한 학생에게는 매력을 느낄 수 없다.

사회인이 되면 학생 시절의 평등한 관계에서 상사와 부하라는 상하관계에 놓이게 된다. 동아리 활동을 하거나 아르바이트 경험이 있는 학생은 이러한 상황을 경험했기 때문에 입사한 뒤에도 무리 없이 조직에 적응한다. 반면, 20년 이상 친구 관계만 맺어온 학생은 어떻게 해야 하는지 머리로는 알지만 상하관계를 중시하는 사회생활에 적응하지 못하고 힘들어하는 경우도 있다.

신입사원에게는 완성된 매너나 말이 아니라 좀 서툴러도 학생 시절의 경험을 바탕으로 일을 진지하게 받아들이는 자세가 중요하다.

고등학생의 경우 아르바이트를 금지하는 학교도 있기 때문에 판단할 자료가 되지 않을 때도 많지만, 대학생의 경우 학교만이 아니라 사회와 어떤 접점을 가지고 살아왔는지, 그것을 통해 무엇을 얻었는지, 더 나아가 그 경험을 입사한 뒤 어떻게 활용할지 구체적인 답을 들어보자. 판에 박힌 질문으로 확신할 수 없었던 지원자의 새로운 모습을 발견할 수 있다.

Point
- 아르바이트 경험을 들으며 조직 적응력과 일에 대한 자세를 파악할 수 있다.
- 동아리 활동을 한 학생은 상하관계를 알고 있는 경우가 많다.

70
Talented man
휴일을 어떻게 보내는지 확인하라

지원자에게서 받은 인상이 확실한 것인지 확인하기 위해서는 면접에서 흔히 하는 질문이 아닌 질문을 해볼 필요가 있다. 옷차림이나 행동에서 위화감이 느껴진다면 휴일을 어떻게 보내는지를 물어보자. 이 질문을 하면 지원자의 사생활을 알 수 있다. 부드러운 어조로 '휴일은 어떻게 보내시나요?'라고 묻는다면 그때까지 긴장했던 지원자의 마음이 편안해져 실제 모습을 엿볼 수 있다.

개인 시간이기 때문에 원칙적으로는 무엇을 해도 상관없지만 휴일에는 계속 잠만 잔다고 대답하는 지원자에게서는 업무를 해서 좋은 결과를 가져올 것이라고 기대할 수 없다. 현 직장의 근무 환경이 좋지 않아 휴일에는 잠만 잘 수밖에 없다면 어쩔 수 없지만 휴일을 충실하게 보내는 사람은 몸과 마음이 충전되어 일을 적극적으로 하게 된다.

취미 활동을 활발히 하는 사람, 대외 활동을 많이 하는 사람은 회사에 기여할 수 있는 인재라는 관점으로 볼 수도 있지만 사적인 비중이 너무 커서 오히려 일에 집중하지 못할 수 있으니 주의해야 한다. 휴일에는 자격증을 취득하기 위해 공부한다고 대답하는 사람도 호감이 가지만 자격증이 업무에 필요한 것인지 확인해야 한다.

예를 들어 지원자가 세무사 시험공부를 한다고 대답한다면 세무사가 되고 나서 회사를 그만둘 생각인지도 모른다. 정규직 사원이라면 자격증 취득에 시간을 할애하기 위해 야근할 수 없다든지 휴일에는 출근할 수 없다고 할 수 있다. 결국 자격을 취득하여 퇴사하면 채용 경비나 인건비만 지출하는 상황이 벌어질 수 있다.

휴일 관련 질문은 지원자와 이야기를 주고받을 수 있는 요소가 많다. 일요일에는 야구한다고 대답한다면 팀, 포지션, 멤버, 시합했던 경험 등을 더 자세히 물을 수 있다. 팀의 주장을 맡고 있다면 리더십이나 사람을 이끄는 어려움 등에 대해 질문해보면 좋다.

대답 내용 외에 지원자가 말을 어떻게 주고받을 수 있게 이끄는지도 채용을 판단하는 데 좋은 자료가 될 수 있다. 질문했을 때 갑자기 불쾌한 표정을 짓는다든지, 대답을 잘 못한다든지 하면 커뮤니케이션 능력이 부족할지도 모른다. 휴일을 보내는 방법이나 취미에 대한 질문은 지원자의 행동이나 사고방식을 아는 데 유용하다.

Point
- 휴일을 보내는 방법을 물어 사생활과 대외적인 인간관계를 확인해야 한다.
- 사생활을 화제로 삼아 말을 주고받아보자.

71
Talented man

지원자에 대한 주위 사람들의
평가가 어떤지 물어라

지원자의 행동이나 표정에 불신감이 있어 보일 때 주위 사람들은 지원자를 어떻게 생각하는지 물어보면 친구 관계나 지인과 교류 관계를 포함해서 지원자의 특성을 확인할 수 있다. 이는 면접에서 꼭 하는 질문이 아니기 때문에 지원자의 실제 모습을 알아보기에도 좋다.

주위 사람들의 평가에 신경 쓰지 않을 경우 자기주장이 강한 사람이거나 자기 분석을 잘하지 못하는 사람일 확률이 높다. 개성은 중요하지만 조직은 인간관계가 개성보다 훨씬 중요한 경우가 많다. '자기만 좋다면' 또는 '주위 사람들이 인정해주지 않는다고 해도 괜찮다'는 생각을 갖고 있다면 팀워크가 필요한 일을 맡길 수 없다. 주위 사람들이 말하는 것에 귀를 기울이지 않는 사람은 입사한 뒤 상사나 선배사원의 지시나 명령에 신속하게 행동하지 못할 수도 있다.

친구나 지인의 평가를 정확하게 전하는 지원자는 주위 사람들에게 호감을 주는 사람일 가능성이 크다. 호감을 느끼지 못하고 관심도 없는 사람에게 그 사람을 위한 말을 해주지 않기 때문이다.

주위 사람들이 하는 말을 본인이 어떻게 받아들이는지도 함께 확인한다. 주위 사람들의 평가를 면접관도 느낀다면 회사에 기여할 수 있는 인재인지 확인하는 데 중요한 요소가 될 것이다.

주위 사람과 다른 생각이나 행동을 하더라도 본인이 이를 자각하면서 생각하고 행동한다면 긍정적인 평가를 할 수 있다. 면접관과 나이나 경험이 다른데도 면접관의 선입관만으로 지원자를 판단하는 것은 위험한 일이다. 회사에서는 볼 수 없었던 행동 특성은 회사에 이득이 될 수 있는 경우도 많기 때문이다.

주위 사람들에게서 아무 말도 들어본 적이 없거나 주위 사람들이 해준 말에 관심을 갖지 않는다는 내용으로 대답하는 지원자가 있다면 자기 자신이 어떠한 사람이라고 생각하는지 물어보자. 자신의 어떠한 행동이나 태도가 위화감을 준다는 것을 알고 있으며, 특별한 신념을 갖고 있다고 대답한다면 그 신념에 대해 구체적으로 물어보는 것이 좋다. 첫인상이 나빠도 말을 주고받는 사이에 지원자의 인간성을 알게 되어 평가를 바꾸게 될 때도 많다.

이 질문을 하여 본인도 부정적인 요소를 알고 있다면 그 결점을 없애려고 어떻게 하는지 확인해볼 필요가 있다. 단점 질문과 같이 자신의 나쁜 면은 어떻게 할 수 없다고 포기한다면 그 지원자의 성장은 기대할 수 없다. 하지만 자신에 대해 잘 알고 있으며 개선해나가려는 노력을 하고 있다면 충분히 채용할 만한 지원자.

Point
- 주위 사람들의 평가는 어떤지 질문하여 지원자의 실제 성격을 파악할 수 있다.
- 주위 사람들이 이야기한 평가를 받아들이는 방법과 개선하려는 의지를 확인해야 한다.

72
Talented man

평소에도 그런 모습인지
직설적으로 물어라

압박면접을 하는 방법 가운데 하나로, 지원자의 행동이나 표정 등에 의문이 날 때 직설적으로 질문해보는 방법이 있다. 면접관이 지원자에게 확신이 들지 않을 때는 지원자를 채용하려는 면접을 하기 어렵다. 그래서 호감이 가지 않는 부분에 대해서는 조금 경직된 목소리로 질문해보면 지원자의 생각을 읽어낼 수 있다.

'항상 그런 옷차림으로 출근합니까?', '항상 다른 사람을 ~한 태도로 대하십니까?', '원래 그런 식으로 말하십니까?'라는 식으로 불쾌한 점이나 지원자에게 의문 나는 점을 지적해보자. 지원자의 주장이나 생각을 들어보고 이해가 된다면 문제없지만 질문의 의도를 알려고 하지 않거나 기분 나빠하는 표정을 지을 경우, 답을 하지 않으려고 할 경우에는 조직 적응력이 부족하다고 판단해도 틀림없다.

지원자가 나이가 어리면 비즈니스 매너를 모르는 경우도 많다. 지적했을 때 사과하며 바로 고치겠다는 자세를 취한다면 눈여겨볼 필요가 있는 인재일지 모른다. 신경 쓰지 못한 부분을 지적받아 긍정적으로 대처하는 자세는 비즈니스할 때 중요한 요소이기 때문에 지적했을 때 반응은 채용 여부를 판단하는 데 중요한 요소가 된다.

이런 질문을 받음으로써 채용에서 떨어졌다고 생각해 갑자기 태도를 달리하는 지원자도 있다. 이것이 압박면접을 통해 지원자가 실제 자기 모습을 드러내는 경우다.

신입사원을 채용하거나 경력이 짧은 이직자를 채용할 때는 직무 경험이 거의 없기 때문에 일에 대한 지원자의 잠재력이 채용하는 데 중요한 사항이 된다. 그러나 질문에 따른 답변의 양이나 태도가 달라지는 지원자는 입사한 뒤 하고 싶은 일에는 적극적으로 나서지만, 하기 싫은 일이나 관심 없는 일에는 극단적인 태도나 행동으로 자세를 바꿀 수 있기 때문에 신경 쓰이는 점은 그냥 넘어가지 말고 지적해야 한다.

그때 지원자가 그 말을 진지하게 받아들이는가 하는 점은 시선이나 맞장구, 표정을 통해서 읽어낼 수 있다. 일하면서 상대방에게 불쾌감을 주면 어떤 일도 잘되지 않는다. 경력이나 학력이 우수하다고 해도 말을 잘 듣지 않거나 말에서 가시가 느껴지게 하는 사람은 입사해서 성공할 확률이 희박하다.

면접관 중에는 태도가 나쁘면 더 질문하지 않고 떨어뜨리는 이들이 있는데, 지원자가 많은 기업 중에서 그 회사를 선택하고 지원했다는 점을 생각하여 좋은 면은 없는지 살펴보는 가점방식으로 채용해야 한다. 불합격시킬 만한 원인을 찾아내는 면접이 아니라 가능한 한 좋은 점을 찾아내는 면접을 해야만 회사의 미래를 이끌어갈 인재를 발굴할 수 있다.

Point
- 신경 쓰이는 부분은 그냥 넘어가지 말고 질문해야 한다.
- 직접적인 질문으로 본인에게 확인해봄으로써 새로운 면을 찾아낼 수 있다.

73
Talented man
좌우명을 물어라

지금까지 이야기했듯 흔하지 않은 면접 질문을 던져 지원자의 사고방식이나 일에 대한 자세 등을 살펴볼 수 있다.

좌우명도 그중 하나다. 좌우명은 항상 마음속에 담아두고 행동을 그에 맞추어 하려고 하거나 장려하는 말이다. 예전에 좌우명을 물었던 질문에 어떤 지원자가 시력이 "오른쪽은 1.0, 왼쪽은 0.8입니다"라고 자신 있게 말한 적이 있다. 그 자리에서 말의 의미를 설명해주고 다시 물어보았지만, 때로는 면접관이 질문한 의도를 모르거나 긴장해서 면접관의 말을 못 알아듣는 경우도 있으므로 그때마다 지원자가 어떻게 대처하고 일을 진행하는지 판단해볼 수 있다.

시력을 말하던 지원자가 면접관의 지적을 받은 뒤 말을 못하고 가만히 있으면 채용하기 어렵지만 잘못 이해한 것을 인정하고 대답을 이어간다면 면접이 나쁘지 않았다고 생각되는 지원자로 바뀌게 될 것이다.

이 질문에는 정답이 없지만 지원자가 이야기한 좌우명을 갖게 된 이유나 에피소드를 질문해보자. 즉흥적으로 좋은 말을 했을 때는 이유나 에피소드를 말하기가 어려워질 것이고, 사실을 말했을 때는 대답을 바탕으로 행동했던 사례를 설명할 수 있을 것이다.

예를 들어 "모든 일은 일생에 한 번이라는 정신입니다"라고 대답한 지원자에게 최근 이 말과 관계있는 경험이 있냐고 물으면, 구체적인 사항을 이야기할 것이다. 이때 지원자의 생활습관이나 태도 등도 엿볼 수 있다.

면접에서 꼭 하는 질문들 이외의 질문으로는 지원자의 커뮤니케이션 능력도 확인할 수 있다. 예측하지 못한 질문에 당황할 경우 이에 어떻게 대처하는지를 보면서 지원자의 자질을 판단할 수 있다. 자신이 모르는 말에 대해 오히려 면접관에게 질문할 수 있는 지원자는 모르는 것은 모른다고 정직하게 말할 수 있는 사람일지 모른다.

정답이 없는 질문일수록 지원자의 진정한 모습을 알게 되어 채용 여부를 결정하는 데 중요한 자료가 될 수 있으니 적극적으로 질문하자.

Point
- 대답을 통해서 구체적인 사례를 더 들어보자.
- 대답할 수 없을 때 대처하는 모습을 보면서 일을 어떻게 진행할지 그 모습을 상상할 수 있다.

74
Talented man
다른 기업에도 지원했는지 물어라

이 질문은 면접에서 항상 하는 질문과 항상 하지는 않는 질문 사이에 있는 것으로, 비교적 자주 면접에 등장하는 질문이다.

다른 기업에 동시에 지원했는지 질문하면 대답 패턴은 '지원했다', '지원하지 않았다' 두 가지로 나뉘는데, 이 대답을 통해서 지원자의 마음이 어디에 있는지 확인해볼 수 있다. 다른 기업에 지원하지 않았다고 할 때 지원한 그 기업에 입사하고 싶다는 이유가 명확하다면 괜찮지만, 지원 이유가 확실하지 않은데 다른 기업에도 지원하지 않았다고 대답하는 사람은 한 기업씩만 지원하지 않으면 마음이 불안해서 느긋하게 입사를 준비하든지, 거짓으로 이야기했을 확률이 높다.

다른 회사에는 없는 그 회사만의 매력을 명확하게 구체적으로 말하는 지원자라면 다른 기업에 지원하지 않았다는 대답에 신뢰가 가지만 요즘은 신입사원이든 경력사원이든 다른 기업과 동시에 지원하는 것이 일반적이기 때문에 이상하다고 생각할 만하다.

다른 기업에 지원했을 때는 어떤 업종이나 직종인지, 그리고 가능하다면 어느 회사인지까지 확인하여 어느 쪽을 희망하는지 들어보자. 반드시 이 회사에 입사하고 싶다고 대답하지 못하는 지원자는 합격해도 다른 회사와 비교하여 입사하지 않을 수 있다.

하지만 반드시 이 회사에 입사하고 싶다고는 대답해도 다른 회사의 면접에서도 그렇게 대답하는 것이 일반적이기 때문에 다른 회사보다 이 회사를 선택하겠다는 이유를 들어보자. 다른 회사와 비교하여 왜 이 회사가 더 좋은지 물었을 때 확실히 대답하지 못한다면, 이 회사에 반드시 입사하고 싶다는 대답을 믿을 수 없을 것이다.

지원한 회사마다 직종이나 업종이 달라 통일성이 없다면 일에 대한 신념이나 의욕에 의문을 갖는 것이 좋다. 신입사원이라면 일을 알기 위한 차원에서 여러 직종이나 업종에 지원했다고 이해할 수 있겠지만 경력자라면 방향성 없이 이직했을 때 입사 후에도 마음을 잡지 못할 수 있다.

면접관으로서 다른 회사의 진행 상황을 아는 것은 채용 업무에 도움이 된다. 합격하고도 다른 회사와 비교하며 입사하지 않겠다고 할 수 있기 때문이다. 그래서 상황에 따라서는 합격자를 발표하고 그들을 회사로 불러 함께 이야기해볼 필요가 있다.

다른 회사의 진행 상황을 거짓으로 대답할 때는 시선을 면접관에게 두지 못한다거나 손으로 머리카락을 만지는 등의 행동을 할 수 있으니 지원자의 행동을 유심히 관찰해보자. 지원자가 다른 회사에 지원하는 것은 당연한 일이지만, 다른 회사와 비교했을 때 우리 회사에 대해 어떠한 생각을 하는지 파악하는 것은 중요하다.

Point
- 지원자가 지원한 다른 회사의 직종이나 업종에 일관성이 있는지 파악할 필요가 있다.
- 지원자가 회사를 어떻게 생각하는지 답변한 것을 신뢰할 수 있는지 파악해야 한다.

75
Talented man
최근 읽은 책과 잡지에 대해 물어라

최근에 읽은 소설이나 잡지에 대한 질문은 휴일을 보내는 방법을 묻는 것과 같이 지원자의 취향과 사생활을 확인할 수 있는 질문이다. 신입사원 채용에서는 사전에 지원자가 대답을 준비할 수도 있지만 경력자 채용에서는 업무에 관한 질문이 주류를 이루기 때문에 이러한 질문에 대한 답은 거의 준비하지 않아서 지원자의 실제 모습을 파악할 수 있다.

이 질문도 정답이 있는 것은 아니지만 어떠한 분야에 관심을 갖고 있는지 알 수 있어서 지원자의 사적인 부분으로도 이야기를 발전시킬 수 있다.

만화를 좋아한다는 대답이 꼭 나쁜 것은 아니지만 비즈니스 관련 책은 전혀 읽지 않고 만화만 읽는 사람에게는 직무 능력을 별로 기대할 수 없을지도 모른다.

비즈니스 계열의 책을 읽는 사람은 현재에 만족하지 않고 목표를 이루기 위해 도전하는 타입일지 모른다. 역사 소설을 좋아하는 이들도 사람들이 살아가는 모습에서 비즈니스에 도움이 되는 교훈을 배우는 사람일지 모른다. 어떠한 분야든 책을 읽는 사람에게서는 현실과 타협하지 않고 앞을 향해 나아가려는 의욕을 느낄 수 있다.

평소에 읽고 있는 잡지를 통해서 지원자의 취향을 엿볼 수 있다. 일반적인 면접에서는 말하지 않거나 의외의 취미를 갖고 있는 것을 알 수 있는 등 사적인 모습에서 진정한 지원자를 아는 데 도움이 될 수 있다. 잡지를 읽는 많은 사람이 정보에 민감하기 때문에 비즈니스 트렌드나 마케팅에 도움이 되는 인재가 될 수 있다.

책이나 잡지를 좋아하지 않는다고 하는 사람이나 바빠서 책을 읽을 여유가 없다고 하는 사람은 자기 성장에 둔감하고 시키는 일만 하는 수동적인 사람일 확률이 높다.

사생활에도 충실한 사람, 일 이외의 것에 취미를 갖고 있는 사람은 일과 사생활의 변환을 잘하여 일에도 집중을 잘한다. 일밖에 관심이 없다는 사람들 가운데는 시간을 잘 사용하지 못해 능률 있게 일하지 못하는 이들도 있다.

읽고 있는 책이나 잡지를 확인함으로써 면접관과 의견이 잘 맞게 되는 경우도 있다. 면접 분위기를 편안하게 만들기 위해서도 이 질문은 효과적이다. 그러나 지원자에게 친근감을 느끼게 하는 것은 좋지만 어디까지나 채용 여부를 판단하는 자리라는 점을 잊지 말아야 한다.

Point
- 읽고 있는 책과 잡지를 통해 지원자의 취향이나 사생활을 파악할 수 있다.
- 비즈니스 계열의 책을 읽는 사람에게는 목표를 향해 나아가려는 마음을 기대할 수 있다.

76
Talented man

살면서 가장 싫었던 일은 무엇인지 물어라

이 질문에 대한 답을 미리 준비해올 지원자는 많지 않다. 싫었던 일은 아무래도 부정적인 화제가 되기 때문에 지원자가 별로 이야기하고 싶어 하지 않겠지만, 사회생활을 하거나 학생 시절을 보내면서 누구나 싫었던 경험이 한두 가지는 있다. 전혀 없다고 밝게 대답하는 지원자는 감수성이 약하든가 질문에 진지하게 대답하지 않은 것이다. 살아가면서 싫은 일을 경험하지 않는 사람은 없다. 아무것도 느끼지 못한다면 비즈니스할 때도 주위 사람의 마음이나 분위기를 모르는 둔감한 사람일지도 모른다.

싫었던 일은 별로 떠오르지 않지만 슬펐던 일은 생각난다며 질문을 바꾸는 지원자는 임기응변이 필요한 일에서 커뮤니케이션 능력을 발휘할 수 있는 인재다.

싫었던 일에 대해 질문하면 과거에 있었던 일을 처음부터 끝까지 하는 사람이 있는데, 이 질문의 의도는 싫었던 일을 어떻게 극복했는지 확인하는 것이다. 일하다보면 일이 의도한 대로 진행되지 않거나 이해할 수 없는 일이 일어나기 때문에 이러한 상황에 어떻게 대처할지 파악하는 데 상당히 효과적인 질문이다.

지원자의 판단에 따라서는 굳이 대답하지 않아도 괜찮지만 지원자 중에는 왜 이런 질문에 대답해야 하느냐고 반박하는 이들도 있다. 이러한 지원자는 입사해도 불만을 말하여 팀워크에 방해되는 사원이 될 수 있다. 임기응변할 수 있는 인재인지 파악해보는 것만으로도 이 질문은 참고자료가 된다.

비즈니스에서 성공하는 이들 가운데는 기분 전환이 빠르고 힘든 일이나 싫은 상황을 자신의 에너지로 삼아 더욱 성장해가는 타입이 많다. 계속해서 과거에 있었던 일을 극복하지 못하고 무거운 마음을 갖고 있다면 입사 후 비즈니스 기회를 잃어버리는 결과를 가져올지도 모른다.

긴장되는 면접 자리에서 이러한 질문을 받으면 지원자가 더욱 긴장할 수도 있기 때문에 면접 분위기가 좋을 때 이 질문을 하자. 면접에서 지원자가 대답하기 편하도록 경력자라면 일할 때, 학생이라면 학생 시절로 한정지어 질문하는 것도 좋다.

지원 동기나 퇴사 이유를 묻는 질문을 던져 면접관이 잘 확인할 수 없는 지원자의 스트레스 내성을 파악할 수 있으며, 기분 전환 방법이 있는지 파악할 수 있어서 채용을 결정하는 데 중요한 판단자료가 된다.

Point
- 기분 전환 방법이나 스트레스 내성을 파악해야 한다.
- 싫었던 일에 대한 답변을 들으며 일 처리 능력을 파악할 수 있다.

먹는 것을 좋아하는지 물어라

먹는 것을 좋아하는지에 대한 질문으로는 지원자의 취향이나 행동 패턴을 읽어낼 수 있다. 별로 관심이 없다고 하는 지원자의 경우 정말 먹는 것을 좋아하지 않는다고 해도 약간 문제가 있다. 즉 면접관이 던진 질문에 아니라고 딱 잘라 말한다면 그 뒤 이야기가 전개되지 못한다. 비즈니스에서도 이와 같이 말을 주고받는 것은 인간관계를 원활하게 하는 것임을 알고 있다면 한마디로 아니라고 대답할 수 없을 것이다.

먹는 것을 아주 좋아한다는 지원자의 경우 좋아하는 음식이나 자주 가는 가게, 같이 가는 사람 등에 대한 질문을 계속하여 지원자의 다른 면을 알아볼 수 있다.

먹는 것을 좋아하는 사람 중에는 정보에 민감하여 새로운 가게가 생기면 바로 가는 사람도 있다. 호기심이 왕성한 사람은 일도 적극적으로 하는 경우가 많다. 이런 사람들은 외롭게 혼자 먹는 일이 적고 항상 여러 사람과 식사하여 식사 시간을 교류의 장으로 만든다. 그래서 사람을 자연스럽게 잘 사귀기 때문에 인맥을 폭넓게 형성하고 있을 확률이 높다.

일을 잘하는 사람은 호기심이 많아서 새로운 일에도 주저 없이 도전한다. 먹는 것을 좋아하기 때문에 일에 대한 호기심도 왕성하리라는 법은 없지만 적어도 먹는 것에 전혀 관심이 없어서 면접관의 질문에 아니라고 대답하는 지원자보다는 눈여겨볼 만하다.

한식, 양식, 일식 등 어떤 음식을 좋아하는지 물어보면 정말로 먹는 것을 좋아하는 사람은 구체적인 음식이나 가게를 들며 이야기한다.

음식 이야기는 건강 이야기로 바뀔 가능성이 있다. 식생활에 신경 쓰는 사람은 대개 건강에도 신경 쓰며, 비즈니스에서도 건강관리는 중요한 요소가 된다는 것까지 생각한다.

지원자가 진심을 이야기할 때는 반짝이는 눈으로 면접관과 시선을 맞춰가며 말할 수 있다. 면접에서는 아무래도 면접관이 심사한다는 분위기가 형성되지만 음식이나 건강은 면접관과 지원자가 대등하게 이야기할 수 있는 화제다.

지원자의 진심을 끌어낼 필요가 있기 때문에 지원자가 말하기 쉬운 화제를 제공하고 그다음 질문도 부드러운 주제를 선택하여 서로 친근감을 느끼도록 하는 것이 좋다. 비싼 음식을 생각하는 사람도 있을지 모르니 음식이라는 화제는 지원자의 생활 모습까지 잘 알아볼 수 있는 주제이기도 하다.

Point
- 먹는 것을 얘기하면서 지원자의 취향이나 살아가는 모습을 살펴볼 수 있다.
- 음식과 건강이라는 편한 주제를 선택해 말을 주고받을 수 있는지 파악해야 한다.

78
Talented man

멘토로 생각하는 사람이 있는지 물어라

멘토는 살면서 스승이 되는 사람이나 선배로, 일이나 사적인 것을 상담해주는 사람을 말한다. 지원자에게 멘토가 있는지 물어보자. 멘토가 있다고 대답한 지원자에게 그 멘토 이야기를 자세히 듣다보면 지원자의 일이나 생활에 대한 생각을 알 수 있다. 신입사원 채용에서는 멘토의 의미를 설명해주고 대답하기 쉽게 해주는 것이 좋다.

멘토가 있다고 하는 사람들 가운데는 일이나 생활방법에 어떠한 신념이 있어서 취직이나 이직을 신중하게 생각하는 이들이 많다. 하지만 없다고 대답한다고 해서 단번에 문제가 있다고는 할 수 없다. 지원자 나이에 따라서는 지원자 자신이 부하에게 멘토가 되었을 수도 있다.

멘토에 대해 질문하면서 일을 해나가는 방법, 사는 방법을 이야기해보자. 일에서 중요하다고 생각하는 것, 이상적이라고 생각하는 사회인의 모습을 질문하여 지원자의 마음가짐을 확인함으로써 입사한 뒤 그 지원자가 일하는 모습을 상상해볼 수 있다.

세미나에 적극적으로 참가하며 자기계발을 하는 사람은 자신이 되고 싶은 모습이 명확하므로 멘토 역할과 공통되는 면이 많다. 그렇기 때문에 지원자가 목표로 하는 방향이 회사에서 실현할 수 있는 것인지 파악하는 것이 중요하다. 높은 이상을 실현하기 위해 강한 신념을 갖고 사는 사람은 얼핏 보면 일에 대해 진지하다는 인상을 주지만, 이상과 현실의 차이를 느끼면 바로 물러설 수 있다.

현 직장이나 전 직장에 멘토가 되는 상사나 선배가 있을 경우 이직 후에 상사와 비교하면서 일을 잘하지 못하는 이들도 있다. 전 직장의 상사가 멘토라고 대답한 지원자는 항상 전 직장의 상사와 비교하며 새로운 상사와 잘 어울리지 못할 수 있다.

현재에 만족하는 사람은 입사한 뒤 목표나 도전 정신이 부족하여 적극적으로 일하지 않을 수도 있다. 문제점이나 목표가 행동의 원동력이 되어 의욕이 생겨나는 것이다. 따라서 인생의 목표로 삼을 '스승'이 있다는 것은 인생을 충실히 살아가려고 하는 것이다.

멘토를 알아봄으로써 지원자의 사고방식, 이상적으로 생각하는 것, 일의 우선순위, 신념 등을 확인할 수 있다.

Point
- 멘토가 있는 사람은 일이나 살아가는 방법에 어떤 신념을 갖고 있다.
- 멘토에 대한 확신이 강하면 새로운 환경에 쉽게 적응하기 어려울 수도 있다.

Talented man

4장

인재의 합격과 입사 후 관리

79
Talented man
합격한 뒤에는 자신의 선택이 틀리지 않았는지 고민한다

지원한 기업에 합격해도 지원자들이 그 회사로 취업하거나 이직하는 것이 옳은지 고민하는 시기가 있다. 재직 중인 경력자라면 상사에게 퇴사를 이야기해야 하는 어려움이 있어 이직을 주저하는 경우가 있다. 입사하기까지 필사적으로 이직 활동을 해온 사람이 갑자기 열기가 식어 새로운 환경에 대한 불안감이 커지는 것이다.

인사담당자는 합격자를 발표한 뒤에도 이들을 기억하고 있어야 한다. 합격했기 때문에 그들이 당연히 입사할 거라고 여기는 것은 회사만의 생각이다. 이직 희망자들은 대개 여러 기업에 지원하기 때문에 합격한 뒤 다른 기업의 채용 여부를 기다리는 경우도 꽤 있다.

합격 통지를 문서로 한다면 사전에 합격자와 전화로 이야기하여 마음이 어떤지 확인하는 등 신중을 기해야 한다. 통화했을 때 목소리에 힘이 없거나 말을 잘하지 않는다면 어떠한 문제가 있어서 합격해도 입사하지 않을 확률이 높다. 퇴사 희망자도 마찬가지지만 본인이 퇴사를 이야기한 뒤에는 인사담당자와 이야기해도 생각이 바뀌지 않는 경우가 많다.

합격자를 사전에 회사로 불러서 고용계약서를 건네거나 혹시 회사에 불만이 있다면 무엇인지 확인하는 등 주저하는 문제를 해결할 수 있도록 먼저 손을 쓸 필요가 있다.

특별히 고민하지 않던 합격자라도 갑자기 회사가 결정되면 열의가 없어지고 이직을 신중하게 생각하는 경우도 있다. 신입사원 채용이라면 모두 같은 지위로 입사하기 때문에 큰 압박을 느끼지 않지만 경력자라면 바로 실무에서 활약하기를 바란다는 것을 본인도 안다. 지원자 중에서는 채용 전형 때 자신을 더욱 좋게 보이려고 직무 경력을 다소 부풀려서 이야기했기 때문에 입사 전에 부담을 느끼는 이들도 있다.

합격자를 발표한 뒤에는 회사 상황에 맞추어 합격자를 이끌고 갈 필요가 있다. 때로는 입사 전에 소속될 부서의 사원들과 함께 식사하도록 하는 등 합격자의 입사를 기다리고 있다는 것을 무리 없이 전할 수 있는 방법을 생각해보자.

기대치가 높으면 부담을 느끼게 하지만 기대하지 않는다고 느끼게 해도 입사 의욕을 잃어버리게 만든다. 서로 균형을 맞추면서 합격자와 커뮤니케이션을 중요시하는 것이 필요하다. 그렇게 되면 합격자와 신뢰관계가 만들어져 입사를 포기하는 일이 생기지 않을 것이다.

인사담당자는 합격자 수로 평가되는 것이 아니다. 채용된 인재가 회사에 잘 정착하여 기여하는 시점에서 채용 업무를 평가를 할 수 있다. 합격자의 심리 상태를 파악하여 그들이 입사할 때까지, 기업에 기여할 때까지의 과정이 남아 있음을 잊지 말아야 한다.

Point
- 합격자가 입사 여부를 고민한다는 것을 생각하고 사전에 대응할 필요가 있다.
- 인사담당자와 합격자의 신뢰관계가 두텁지 않으면 입사 포기로 연결될 수 있다는 것을 잊지 말아야 한다.

80 Talented man
불합격을 통지하는 방법

불합격 처리를 할 경우 별다른 연락을 취하지 않는 인사담당자가 있는데 지원자가 안절부절못하며 연락을 기다린다고 생각한다면 가능한 한 빨리 알려주어야 한다. 경력자를 채용할 때는 합격자가 입사를 포기할 경우를 고려해서 불합격 통지를 늦게 하기도 하는데, 일정에 여유를 두어 합격자에게 빠르게 연락한 뒤 입사 의사가 확인되면 그때부터 불합격되었다고 연락하자.

사전에 채용 결과를 서면으로 통지하겠다고 했다면 불합격 통지와 함께 이력서와 자기소개서, 직무경력서 등을 반환하면 특별히 문제가 없지만, 불합격자의 기분을 고려해서 처리하려면 세심한 배려가 필요하다.

불합격됐다는 소식은 인사담당자가 생각하는 것 이상으로 지원자에게 큰 충격을 주며, 지원자 중에는 자기비하에 빠져버리는 이들도 있다. 그렇기 때문에라도 채용 전형이 끝난 뒤 오래 기다리게 했다가 불합격했다고 통지할 것이 아니라 가능한 한 성의를 나타내는 것이 필요하다.

불합격 이유를 물어보는 지원자들도 있는데, 원칙적으로는 대답해줄 필요가 없다. 다른 지역으로 전근을 갈 수 없다는 등 불합격된 이유를 개선하면 채용할 의지가 있을 때는 불합격된 이유를 말해도 상관없지만 일반적으로 지원자가 어떤 말을 해도 불합격이라는 결과가 바뀌지 않기 때문에 지원자가 이해할 수 있는 상황이 아니다.

불합격한 지원자에게 다른 지원자를 채용했다고 말하면서 구인광고를 계속하는 기업도 있는데, 이는 바람직하지 못하다. 내가 상담하는 구직자들 중에는 불합격한 회사가 구인광고를 계속하는데 다시 지원해도 되는지 묻는 이들이 있다.

하지만 이런 경우 현실적으로는 채용되기 어렵다고 조언한다. 인사담당자 중에는 구직자들에게 입사할 수 있다는 기대를 갖게 하며 지원자를 받는 이들이 있는데, 이렇게 되면 나중에 불합격된 이유를 받아들일 수 없을 때 채용 기준이나 인사담당자의 생각을 의심하게 된다.

인터넷이 보급되면서 기업의 평판이 순식간에 퍼진다. 불합격된 기업에 나쁜 생각을 하는 지원자도 있기 때문에 합격자보다 더욱 배려하여 대응할 필요가 있다. 서류를 반환하지 않는다면 미리 구인광고에 명기해야 하며, 아무런 기재를 하지 않고 지원자가 반환을 요구했는데도 이를 시행하지 않으면 개인정보 유출 등 이상한 기업은 아닌지 의심할 수 있다.

합격자가 입사를 포기했기 때문에 불합격자에게 채용할 의사가 있다고 전하는 기업이 있는데, 한번 불합격되면 기업에 대한 애착심이나 충성심을 잃기 때문에 가능한 한 불합격했다는 연락을 하기 전에 대처해야 한다.

Point
- 불합격 통지는 인사담당자가 생각하는 것 이상으로 지원자에게 충격을 줄 수 있다.
- 불합격한 이유는 원칙적으로 지원자에게 전하지 않는다.

81
Talented man
합격자가 제출할 서류

채용 여부를 결정짓는 단계에서 합격과 불합격 통지를 한다. 기업에서 합격 통지를 하는 방법은 각각 다르겠지만 합격이 정해지면 서둘러 본인에게 연락하여 합격을 통지한다. 여기에서 인사담당자는 전화나 이메일로 합격 통지를 했다고 해서 반드시 합격자가 입사할 것이라고 안심해서는 안 된다. 지원자가 신입사원이든 경력사원이든 자기 회사에만 지원한 경우는 상당히 드물어서 한 회사에 합격해도 다른 회사와 비교하여 입사를 검토하는 지원자들이 있기 때문이다.

경력자 채용은 입사할 때까지 기간이 짧기 때문에 합격통지서(채용통지서)를 주지 않는 기업도 있는데, 입사에 필요한 서류를 통지할 때 합격통지서를 주고 고용계약서를 작성하며 여기에 신원보증서를 추가로 요구하는 기업도 있다.

합격통지서를 받은 합격자가 입사하지 않아도 문제가 되지 않는다. 신원보증서는 금전을 다루는 서비스업에서는 당연한 것처럼 요구하지만 가정환경 등의 이유로 제출을 거부하는 합격자도 있기 때문에 제출이 늦어지는 경우 재촉하지 말고 상황에 따라 본인에게 확인하며 대처하자.

입사에 필요한 서류를 우편으로 통지할 때는 반신용 봉투를 동봉하는 배려도 필요하다. 제출해야 할 서류를 빨리 정리해서 알려야 합격자 마음이 회사로 향할 수 있다.

입사 전에 급여, 업무 시간, 근무지, 업무 내용 등을 명기한 고용계약서를 서면으로 작성하는 것이 좋은데, 기업에 따라서는 합격 통지만 하고 고용계약서는 교환하지 않는 곳도 많다.

합격만 통지하면 문제가 없다고 생각하는 것은 기업 측의 태만이다. 앞으로 인생을 맡기는 기업에 대해 합격자는 기대와 함께 불안감을 느낀다는 것을 알아야 한다. 인사담당자나 기존사원은 당연하다고 생각하는 습관이나 조건도 합격자는 이해하지 못할 수 있다. 합격자로서는 입사한 뒤 어떤 대우를 받고 어떤 환경에서 일하는지 알았으면 하는 마음이 크다.

재직 중인 합격자는 현 직장을 퇴사하기까지 신경 써야 할 일이 많아서 합격통지를 받고 미지의 세계로 뛰어들기보다 현상을 유지하거나 시간을 더 두고 이직하겠다고 생각하기 시작한다. 그래서 그들을 안심하게 하는 의미에서도 서면으로 된 합격통지서와 고용계약서를 전달해야 한다. 특히 고용계약서는 합격자와 기업 모두에게 중요한 서류다.

채용하는 것에만 집중하는 인사담당자들도 있다. 하지만 채용 업무에는 합격자가 기분 좋게 입사할 수 있도록 하는 것도 포함된다는 것을 인식해야 한다. 합격자와 신뢰관계를 만들기 위해서는 전화 통화나 전달하는 서류가 중요하다는 것을 잊지 말자.

Point
- 합격한 뒤 전화 통화나 전달하는 서류로 합격자의 마음을 읽어내자.
- 합격통지서와 고용계약서를 받은 합격자는 기업에 대한 불안감을 떨칠 수 있다.

82
Talented man

사후 관리가
채용 심사보다 중요하다

경력자와 달리 신입사원은 졸업하기 전이기 때문에 합격한 뒤부터 입사하기까지 기간이 1년 이상이 될 수도 있다. 그러나 한 곳에 합격했지만 자신에게 더 잘 맞는 기업이 있는 것은 아닌가 싶어 취업 활동을 계속하는 학생들도 있다. 직업 선택에는 자유가 있기 때문에 입사 당일까지는 입사할지 포기할지 알 수 없다.

합격자를 어떻게 하면 입사하도록 할지 검토하지 않으면 입사 전에 많은 합격자를 놓칠 수 있다. 아직 학생이기 때문에 합격자를 붙잡아놓기 위해 상당한 과제나 작업을 주는 것은 바람직하지 않지만 입사하기까지 방치하는 것도 좋지 않다.

가능하면 한 달에 한 번은 이메일로 학생에게 부담이 되지 않을 정도의 근황 보고를 하도록 하며, 입사하기까지 몇 번은 합격자들을 모아 동기 모임이나 연수를 해도 좋다. 입사 전 연수는 수준이 높을 필요는 없으며, 사회인이 되도록 하는 보조 수단으로 자신감을 심어주는 데 효과적이다. 인사담당자는 동기 모임이나 연수에 참가하지 못하는 학생들은 특별히 신경 써야 한다.

비교적 빠른 시일에 합격자들이 동기 모임을 만들게 하면 합격자들끼리 만나면서 서로 안심하게 된다. 학생은 사회인이 되는 것에 불안감을 느껴 동료가 있는 것만으로도 든든하게 생각할 수 있다. 한편, 합격자 중에 문제가 되는 사람이 있을 때는 다른 합격자들에게 영향을 줄 수 있기 때문에 주의해야 한다. 동기 모임은 긍정적인 효과로 강력한 팀워크를 기대할 수 있지만 부정적인 결과도 가져올 수 있다는 것을 의식해야 한다.

합격자는 졸업 논문을 쓰거나 아르바이트를 하는 등 회사 모임에 자주 참석하기 어렵기 때문에 이들을 생각해서 프로그램을 만들어보자. 여름방학 등을 이용해 회사에서 체험 아르바이트를 하는 방법도 있다. 입사 전에 직장 분위기나 업무를 경험해봄으로써 선배사원과 인간관계를 만들 수 있고 나중에 입사를 포기하는 일도 막을 수 있다.

한편, 기존사원과 잘 어울리지 못하거나 생각했던 업무와 다르다는 이유 등으로 입사를 포기하는 이들도 생겨날 것이다. 그러나 입사 후 퇴사하는 것보다 합격자로 내정되었을 때 퇴사하는 것이 소속 부서에도 불편을 덜 준다.

입사할 때까지 사회인으로서 의식을 조금씩 높이고 일에 대한 불안감을 없애도록 관리하는 기업은 인사담당자와 합격자 사이에 신뢰관계를 만들 수 있기 때문에 합격자들이 퇴사하는 비율이 낮아진다.

> **Point**
> - 대졸 신입사원은 채용 심사보다도 합격자 관리가 중요하다는 것을 인식하자.
> - 합격자들의 동기 모임을 만들면 합격자들끼리 동지 의식이 강해지며, 사회인의 모습을 갖추어갈 수 있다.

83
Talented man

사원을 받아들일 준비를 하자

합격자의 입사일이 결정되면 입사 전에 사원을 받아들일 준비가 되어 있는지 확인해보자. 대졸 신입사원의 경우 필요한 비품을 준비하고 연수 스케줄을 짜서 사원을 맞아들일 준비를 하는 기업들이 많다. 하지만 경력자가 입사할 때는 그다지 중요하게 생각하지 않는 경우도 의외로 많다. 사원이 자주 바뀌는 기업은 당일까지 경력자가 입사할지 몰라서 입사 당일에야 서둘러 책상 등을 준비하는 곳조차 있다.

갓 졸업한 신입사원이든 경력사원이든 새 직장에 입사하기로 결정하면 앞으로 자기 인생을 맡기는 기업이라는 의식을 갖고 있어서 최선을 다하겠다는 마음으로 출근할 것이다. 그런데 입사 당일 회사가 미숙하게 대처하면 잘못 선택했다고 생각하는 입사자들이 상당히 많을 것이다.

새로 온 사원은 손님이 아니기 때문에 최고의 서비스를 제공할 필요는 없지만 새로이 회사에 입사하게 되면 자신이 환영받는지에 대해 상당히 민감하다.

서비스업이라면 새것이나 깨끗이 세탁한 제복이 필요하며, 영업직은 입사 당일 명함을 만들어준다면 입사자의 의욕도 커질 것이다. 국민연금, 건강보험 등의 절차도 입사 전에 새로 온 사원이 작성한 서류를 받았다면 입사 후 빠른 시일에 절차를 완료할 수 있다.

입사 전날에는 아침 조회 등에서 새로운 사원이 입사한다는 사실을 알려두고, 당일에는 사원 모두가 환영하는 분위기가 되도록 한다. 별것 아니지만 기존사원들이 굳은 표정으로 인사하기보다 웃는 얼굴로 열심히 하라고 격려해주는 것만으로도 새로 온 사원은 기분 좋게 입사 첫날을 보낼 수 있다.

인사담당자 중에는 채용하는 것까지만 자기 일이라고 생각하여 합격자가 입사한 뒤에는 관리하지 않는 이들이 있는데, 새로 온 사원에게는 입사해서 유일하게 의지할 사람이 인사담당자라는 것을 잊지 말아야 한다.

소속 부원들이 챙겨줄 것이라고 생각한다면 그 사원은 회사에 잘 정착하지 못할 것이다. 부서에 소속되어도 새로 온 사원의 표정이나 말과 행동에 주의를 기울여, 필요하다면 이야기를 들어보는 배려가 필요하다.

새로 온 사원은 기존사원들에게 어떻게 보일지 상당히 신경 쓴다. 경력자라면 혼자 입사하는 경우가 많으며, 동료 사원들이 어느 정도 실력을 갖추고 있는지 호기심 어린 눈으로 보는 경우가 많다. 인사담당자는 새로 온 사원이 회사에서 신이 나서 일할 수 있는 환경을 만들어야 한다. 인사담당자가 마음을 어떻게 먹느냐에 따라서 비용을 들이지 않고도 새로 온 사원에게 영향을 줄 수 있다.

Point
- 비품 등을 사전에 준비하여 입사자에게 환영하는 마음을 전하자.
- 새로 온 사원이 의지할 수 있는 사람은 인사담당자뿐이라는 사실을 깨닫자.

84
Talented man

첫날, 일주일, 3개월째를 주의하자

새로운 사원은 첫날 어떻게 보내느냐에 따라 앞으로 회사에서 잘 정착할지가 결정된다. 새로운 사원들은 대부분 환경이 바뀌는 데 상당히 신경 쓰기 때문에 입사 당일에 자신이 생각한 것과 다르다고 느끼는 이들도 있다.

학교를 갓 졸업한 신입사원이 입사했을 때 입사식이 거행되고, 연수 스케줄 등이 미리 계획되어 있는 기업들이 많아서 첫날은 무리 없이 보내게 된다. 반면 경력자의 경우 입사 당일은 회사를 안내하거나 자료를 보게 하여 하루 종일 가만히 앉아서 보내게 하기도 한다. 갓 졸업한 신입사원처럼은 아니더라도 경력자에게 갑자기 소속 부서 일을 맡기지 말고 회사 설명 등을 제대로 해야 한다.

우선 첫날을 잘 보내도록 하면 그 뒤 회사에 잘 적응하여 일을 순조롭게 처리할 수 있다. 그러면서 입사하고 일주일 정도 지나면 사내의 인맥이나 기업의 좋은 면과 나쁜 면이 조금씩 눈에 들어와 마음이 흔들리는 사람이 있다. 하지만 부서에 소속된 뒤에도 인사담당자가 한마디 말을 건네는 것만으로도 마음이 편해지고, 고민이 있으면 속마음을 털어놓을 가능성이 높기 때문에 잘 적응하는지 계속해서 유심히 살피는 것이 좋다.

첫날 환영회를 하는 기업도 있는데, 새로운 사원을 위한 환영회에서는 술을 무리하게 마시게 하면 안 된다. 갓 졸업한 신입사원은 나이가 어리고 입사한 뒤 긴장해서 대책 없이 너무 많이 마셔 추태를 부리는 일이 있을 수 있다.

선배사원이나 상사가 술을 마셔서 일이나 회사를 과장되게 이야기하는 바람에 새로 온 사원이 회사에 실망하거나 위축되는 경우도 있다. 환영회의 목적은 기존사원과 신입사원이 마음을 터놓고 동료로 친해지기 위한 것이다. 입사일에서 일주일 이내에 환영회를 하면 새로 온 사원도 마음을 열고 일할 수 있다.

입사 후 3개월이 되면 회사와 일에 익숙해져 긴장감이 풀어지는 시기지만, 반면에 마음이 흔들리는 시기이기도 하다. 동료들과 사이가 좋더라도 갓 졸업한 신입사원이라면 자신이 그려왔던 일과 달라서 고민하거나, 경력사원이라면 전 직장과 차이가 나서 실망하는 시기다.

경력사원일 경우 이때가 업무 능력을 확인하는 시기라는 의미에서나 전 직장의 경험을 살리라는 의미에서 짧은 기간이라도 괜찮으니 기존사원들에게 강의하는 시간을 마련하는 것도 좋다. 강의는 지원자 본인의 기술을 높일 뿐만 아니라 기존사원들이 그 사원을 인정할 수 있는 절호의 기회다.

갓 졸업한 사원이라면 이 시기에 동기 모임을 하도록 해도 좋다. 각각 다른 부서에 소속된 신입사원이 다 같이 모여 시간을 보냄으로써 긴장감이 풀어지고 각 부서 이야기를 함으로써 연대감을 느낄 수 있다.

Point
- 새로 온 사원이 회사에 잘 정착하기 위해서는 처음 3개월이 중요하다.
- 경력자의 경우 전 직장의 경험을 알릴 수 있는 자리를 마련해준다.

85
Talented man

사수 제도를 활용해 입사자가
안심할 수 있게 하라

20대 전반의 신입사원을 채용했을 때는 비교적 나이가 비슷한 선배사원이 사수가 되어 이들을 챙겨주는 방법이 효과적이다. 나이가 비슷하여 편하게 상담할 수도 있다. 상사는 신입사원에게 시간을 할애하지 못하더라도 선배사원이라면 일의 순서, 일하는 방법 등을 친절하게 설명해줄 수 있다.

사수 제도를 활용할 때는 사전에 사수 담당자에게 신입사원 지도 방법이나 상담 방법 등을 알려주는 연수를 받게 하는 것이 좋다. 기업에 비판적인 사원이나 퇴사를 생각하는 사원이 사수가 되면 신입사원은 기업을 잘못 선택했다고 판단할 수 있다.

신입사원이 제대로 커갈 때는 그 사수를 제대로 평가해야 한다. 자기 일을 하면서 후배사원을 교육하는 것은 의지가 없으면 불가능한 일이며, 회사에 비판적이라면 입사한 지 얼마 안 된 신입사원을 걱정하게 만들지도 모르는 일이다.

사수가 챙겨주는 기간으로는 업무 내용에 따라 다르지만 일반적으로 1년 정도는 생각하는 것이 좋다. 1년 뒤 신입사원의 능력이 향상된 단계에서 그가 사수 역할을 맡으면 인재를 키우는 구조가 만들어지게 된다.

갓 졸업한 신입사원은 입사 전까지 자유로이 생활하다가 시간에 구속받는 사회인으로 환경이 크게 바뀌게 된다. 또 주위에는 선배사원밖에 없기 때문에 스트레스가 쌓이지 않는 것이 이상한 일이다. 동기가 주위에 있다면 마음을 털어놓고 기분전환도 할 수 있지만, 소속된 부서에 신입사원이 혼자일 때는 아무에게도 고민을 털어놓을 수 없어서 이직을 생각하게 될 수 있다.

신입사원의 성장 정도는 사수의 자질에 따라 크게 달라진다. 소속된 부서의 상사가 인재의 중요성과 사수의 역할을 인식하여 사수가 신입사원을 지도하기 쉬운 환경을 만드는 것도 중요하다. 중간 규모 이하의 기업이라면 신입사원이 현장 보고서를 한 달에 한 번은 경영자에게 직접 이메일로 보내게 하는 제도도 효과적이다.

현장의 상사를 건너뛰고 경영자에게 보고하는 것에 반발하는 사람도 있겠지만 경영자 스스로 사원을 중요하게 생각한다는 것을 나타내면서 현장의 문제점을 알기 때문에 꼭 부정적인 것만은 아니다. 신입사원이 제출한 보고서에 개선사항이 있다면 바로 현장의 상사에게 연락하여 대처하게 할 필요가 있다.

Point
- 갓 졸업한 신입사원이 잘 정착할 수 있도록 사수 제도를 활용하자.
- 신입사원을 지도하는 사수를 제대로 평가해 의욕을 높여준다.

86
Talented man

신입사원 연수에서 비즈니스 매너, 팀워크, 귀속의식을 교육하라

갓 졸업한 신입사원을 채용하는 기업은 신입사원 연수를 어떻게 할지 고민하기 마련인데, 연수 뒤에나 부서에 소속된 뒤에 연수 성과가 나타나는지 검증할 필요가 있다.

우선, 사회에 첫발을 디딘 신입사원에게는 명함을 건네는 방법, 전화 거는 방법, 직업의식 등 하나씩 실천해갈 수 있는 연수가 필요하다. 부서에 소속되어 OJT가 중심이 되면 기본적인 비즈니스 매너에 대해 알 수 있는 기회가 적어지기 때문에 시간을 들여 먼저 교육하는 것이 좋다.

갓 졸업한 신입사원 연수에서는 동기끼리 연대감을 강화하고 프레젠테이션 능력도 함께 쌓을 수 있는 프로그램을 짜보자. 효과적인 연수 프로그램으로는 연수를 워크숍 형식으로 진행하여 각 팀에게 주제를 주고 공동으로 작업하게 한 뒤 팀에서 발표하도록 하는 방법이 있다. 공동으로 작업하는 경우 팀에서의 역할 분담이나 종료 시간 안에 작업 완료하기 등 실제 업무에 도움이 되는 요소가 많이 포함되어 있다.

귀속의식은 강제로 만들어지는 것은 아니지만 연수 중 각 부서의 상사나 선배가 함께하여 실무에 적합한 관계를 익히게 함으로써 사원이 스스로 느낄 수 있게 해야 한다.

업종이나 직종에 따라 다르지만 그저 앉아서 듣는 연수로는 수강생들이 집중할 수 없다. 연수 프로그램의 강약을 조절하여 수강생들이 연수 중 배운 내용을 실무에서 활용할 수 있도록 프로그램을 짜는 것이 필요하다.

외부 강사에게 강의를 맡기는 기업도 있는데, 연수의 일부는 외부 강사에게 맡기더라도 전반적인 연수는 내부 사원이 맡게 해야 한다. 외부 강사는 어디까지나 외부 사람이어서 사내 사정을 자세히 모를 수밖에 없다. 외부 사람에게 사원 연수를 맡기는 것은 사원들이 인사담당자의 능력을 불신하게 만드는 계기가 될지도 모른다. 외부 강사에게 연수를 맡겨도 주최자는 어디까지나 회사이므로, 반드시 동석하여 연수 상황을 체크하고 개선점이 있다면 강사에게 알려주어야 한다.

기존사원을 연수 강사로 세우는 것도 좋다. 강사가 된 사원은 강의를 하기 위해 준비하기 때문에 깊게 생각하지 않았던 일상 업무도 연수를 계기로 개선해나갈 수 있다. 상대방에게 어떻게 전해야 하는지도 생각하며 연수 내용을 준비하기 때문에 능력을 키우는 기회가 될 수 있다.

연수에서 너무 많은 내용을 다루면 수강생이 자기 것으로 모두 소화하지 못하여 형식만 갖춘 연수가 될 수 있다. 큰 주제를 정하는 것이 좋으며, 그 주제는 연수에 참여한 모두가 자기 것으로 만들 수 있는 내용이 바람직하다. 신입사원에게 필요한 비즈니스 매너, 팀워크, 귀속의식은 사회인이 되면 반드시 배워야 할 내용이다.

Point
- 갓 졸업한 신입사원 연수에서는 귀속의식과 목표의식, 비즈니스 매너를 습득하게 해야 한다.
- 외부 강사에게 다 맡기지 말고 내부에 연수 시스템을 구축하라.

87
Talented man

OJT 연수에서
실무 능력을 쌓게 하라

실제 업무 능력을 기르기 위해서는 OJT 연수가 중요하다. 상사들 가운데는 OJT 연수는 일을 시키는 것이라고 잘못 알고 있는 이들이 있다. OJT 연수는 일을 통해서 실무 능력을 높이는 것이지 일하는 것을 연수라고 할 수는 없다.

연수를 바람직하게 진행하기 위해서는 연수가 기능이나 능력에 목표를 두고 있는지, 현장에 연수 지도자가 있는지, 연수 지도자와 연수받는 사람이 진행 상황이나 업무상 문제에 대해 이야기할 수 있는지 등을 확인해야 한다. 또 목표를 정하고 그 목표에 도달할 수 없을 때는 어디에 문제가 있는지 확인해볼 필요가 있다.

인건비와 이익을 각각의 현장에서 관리할 때는 신입사원이 제몫을 다하지 못하기 때문에 연수를 반기지 않는 일도 있다. 이러한 기업은 OJT 연수를 받는 사원의 인건비를 본부 경비로 하는 등 배려가 필요하다.

OJT 연수는 실제 업무 능력을 향상하기 위한 연수이기 때문에 직무 능력을 파악할 수 있는 커리어 시트를 작성하는 것이 좋다. 커리어 시트는 업무에서 필요한 직무를 자세히 분류하여 먼저 본인이 할 수 있는지 체크하고, 그 뒤 상사가 체크하여 본인이 기재한 것과 다르면 본인에게 부족한 점 등을 설명해주기 위한 것이다.

20대 사원은 대부분 지시받은 것은 그대로 하지만 적극적으로 일을 진행하는 면에서는 부족하다. 그래서 OJT 연수에서는 수동적인 자세가 아니라 적극적으로 행동할 수 있도록 연수생이라 해도 기존사원과 같이 대하여 칭찬할 만한 점은 칭찬하고 문제점은 지적해야 한다.

OJT 연수는 현장 지도자에 따라 향상되는 수준이 다른 경우가 많다. 사수 제도와 같이 OJT 연수 지도자가 각 부서에 따라 지도를 달리하지 않도록 사전에 이들을 교육할 필요가 있다.

OJT 연수 중 정기적으로 앉아서 연수를 받도록 하는 것이 더욱 효과적일 수 있다. 현장에서의 업무는 연수라고는 하지만 실제 업무를 하면서 이루어지기 때문에 긴장감이 크다. 현장에서 업무가 잘되지 않았을 때는 앉아서 다시 OJT 연수를 되돌아보도록 하면 실제로 업무할 때 몰랐던 부분을 파악할 수 있다. 인사담당자는 연수를 총체적으로 관리하여 사원들의 능력을 향상하려고 노력해야 한다.

Point
- OJT 연수가 효과적으로 진행되도록 목적을 확실히 하고 연수 후 성과를 검증해야 한다.
- 향상된 능력이 눈에 보이는 시스템을 구축할 필요가 있다.

88
Talented man

신입사원이 일을 못한다는 부서의
불만을 그대로 받아들이지 마라

신입사원이 부서에 소속된 뒤 시간이 흐르면 그 부서에서 이번에 들어온 신입은 일에 도움이 안 된다는 등 인사팀에 불만을 말하는 사람이 있다. 그럴 때 인사팀에서는 이를 그대로 받아들이지 말고 어디에 문제가 있는지 파악해볼 필요가 있다.

경영자가 신입사원 육성에 신경 쓸 경우 자기 부서에서 그만두게 만들었다는 소리를 듣고 싶어 하지 않는 상사들이 있다. 그래서 부서에는 다른 특별한 문제가 없고 신입사원에게 문제가 있다는 듯이 말한다. 분명히 신입사원의 능력이나 태도에 문제가 있어서 일을 잘하지 못할 수도 있지만 신입사원이 상사가 지시한 명령에 따르지 않고 다루기 힘들다는 이유로 일에 도움이 되지 않는다고 말할 수도 있다.

지시나 명령에 따르지 않기 때문에 다루기 힘든 사원은 어떠한 이유가 있어서 자기주장을 이야기하는 것이라고 생각해볼 수 있다. 이때 인사담당자가 신입사원을 불러서 직접 이야기를 들어봐야 한다.

경력자를 채용했을 때는 실력이 있는 사원이 입사하여 기존사원의 처지가 불리해졌기 때문에 일을 못한다고 험담하는 경우도 있다. 직장 분위기가 사원 한 사람 때문에 크게 바뀔 수도 있기 때문에 인사담당자는 이직자뿐 아니라 기존사원에게도 신경 써야 한다.

관리직 후보로 채용했을 때 전임자와 비교하여 다른 점을 결점으로 지적하는 일도 있다. 관리직 후보 사원이기는 해도 입사한 지 얼마 안 되면 업무를 잘 알지 못하기 때문에 일을 익숙하게 처리하지 못하는 경우가 많다. 인사담당자는 이러한 점을 중립적인 위치에서 냉철히 파악하여 대처해야 한다.

일을 잘하는 사원과 못하는 사원의 차이는 아주 작을 때가 많다. 능력이 있어도 능력을 발휘할 수 있는 환경을 제공해줄 수 없다면 일을 못하는 사원이 된다. 일을 못하는 사원이라 해도 어떠한 일이 계기가 되어 진지하게 풀어가려고 한다면 일을 잘하는 사원으로 바뀔 수 있다. 일을 못하는 사원과 잘하는 사원은 학력이나 실무 경험 이상으로 일을 얼마만큼 긍정적으로 생각하고 열심히 하려고 하느냐에 따라 판가름난다.

인사담당자는 자기가 채용한 인재에 대해 책임이 있다. 회사에서 원하는 인재인지 서류를 검토하고 필기시험, 면접 등을 거쳐 채용한 것이다. 소속 부서에서 일을 못하는 사람이라는 말을 들었을 때 바로 그렇게 인정해버린다면 자신이 어느 정도 신념을 갖고 채용했는지 돌아볼 필요가 있다. 인사담당자는 자신이 채용한 사원에 대해 끝까지 책임을 지고 회사에 기여하는 사원이 되도록 노력해야 한다.

Point
- 인사담당자는 신입사원에 대한 판단을 소속 부서에만 맡기지 말고 총체적으로 판단해야 한다.
- 소속 부서에서 신입사원이 일을 못한다고 하는 불만을 그대로 받아들이지 말아야 한다.

89
Talented man

'그만두고 싶다' 고 말하기 전에
사원의 마음을 읽어야 한다

채용에는 신규 프로젝트가 있어 인원을 확충하는 구인, 정년 퇴직자가 있어 인원을 보충하는 예측할 수 있는 구인, 중장기적 인사 계획에 따른 구인, 개인 사정으로 퇴사하는 사원을 대신하기 위한 충원 등이 있다. 예측할 수 있는 구인이라면 사전에 정성을 들여서 채용 업무를 준비할 수 있지만 예측할 수 없는 퇴사자가 나올 때는 빠르게 구인광고를 하여 보충할 필요가 있다.

사원이 그만두었기 때문에 인원을 충원하려는 구인을 반복하는 기업은 사원의 기술은 향상되지 않고, 구인 경비만 올라가게 된다. 그렇기 때문에 신입사원뿐만 아니라 기존사원의 퇴사를 막는 것도 인사담당자의 중요한 업무다.

모든 사원의 희망을 만족시키는 기업은 존재하지 않는다. 입사한 지 얼마 안 된 사원의 퇴사 이유는 생각했던 일과 다르다는 것이 대부분이지만, 생각했던 일과 현실의 업무에 어떠한 차이가 있는지 확인해볼 필요가 있다.

구인광고나 면접에서 설명이 부족했거나 지원자가 생각한 업무와 정말 다를 수도 있다. 그러나 사람이 모여들지 않기 때문에 의도적으로 모집 직종을 바꾸어 구인광고를 냈다면 이런 기업은 앞으로 성장할 수 없다.

채용하는 것도 중요하지만 채용해도 사원들이 줄줄이 퇴사해 나가는 상황이라면 퇴사 이유를 분명히 하여 근원을 개선하지 않으면 사원이 정착하는 비율은 높아지지 않을 것이다. 사원이 퇴사하고 싶어 하는 이유에는 여러 가지가 있겠지만 크게 나누면 근로 환경, 근로 조건, 인간관계가 있다.

퇴사를 생각하는 사원은 일하는 방법이 전과 달라지고, 앞으로 이어질 영업이나 인간관계 구축을 소극적으로 하게 된다. 그전까지는 늦게 퇴근하다가 갑자기 정시에 퇴근한다면 그것으로 본인이 무엇인가 불만을 표출하는 것이다.

그전까지는 일에 대한 의식이 높았어도 퇴사를 생각하면 무관심한 듯 일하게 된다. 인사담당자는 이런 점을 놓쳐서는 안 된다. 돌발적으로 그만두겠다고 사직서를 제출하는 사람들이 있는데, 한번 사직서를 제출한 사원은 좀처럼 뜻을 굽히게 하기가 어렵다.

상사뿐만 아니라 인사담당자는 사원들의 동향을 주의 깊게 살펴야 한다. 사원들이 평소와 다른 표정이나 행동을 한다면 그곳에 어떠한 문제가 쌓여 있는 경우가 많다. '그만두고 싶습니다' 라고 말하기 전에 사원들이 그만두지 않게 방법을 찾아 개선할 필요가 있다.

Point
- 그만두고 싶다는 말이 나오기 전에 행동이나 표정을 살피고 대응해야 한다.
- 대우나 근무 환경은 어쩔 수 없다고 피하기만 하면 안 된다.

90
Talented man
확실한 인사 제도를 만들어라

채용 업무에서 가장 중요한 것은 입사하면 경력을 쌓아갈 수 있다는 비전을 제시하여 구직자가 미래를 계획할 수 있도록 하는 것이다. 구직자에게는 많은 구인광고 중에서 그 회사를 선택한 이유가 반드시 있다. 인사담당자는 회사에서 원하는 인재를 확보하기 위해 다른 회사를 능가하는 좋은 점을 전할 필요가 있다.

인사담당자 중에는 채용 절차에서 급여 등 대우 면을 중요시하는 지원자를 꺼려하는 이들도 있는데, 연봉 인상이나 승진에 관심이 없는 사원은 지시받은 것만 하는 수동적인 사원일지 모른다. 취직한 이상 승진하고 싶다, 연봉을 더 받고 싶다는 생각을 하는 것은 당연하다. 이러한 것을 기대하지 않는다면 채용할 가치가 있는지 검토해보는 것이 좋다.

포괄적이고 애매한 표현이 아니라 구체적으로 경력을 쌓아갈 수 있는 방법을 제시한다면 구직자들도 관심을 갖게 될 것이다. 나이나 직급별로 표준 임금을 알린다면 구직자는 막연하다는 생각만 하지는 않게 된다. 무엇을 하면 얼마만큼 높아질 수 있는지 확실히 알게 된다면 기업에서 일하는 의욕도 높아진다.

어떤 일이든 현상만 유지하려고 하면 미래는 없다. 사원들에게도 시대에 발맞춰 자기계발을 하거나 능력을 향상시키는 것이 필요하며, 발전하려고 노력하지 않는 사원은 살아남지 못한다. 어느 기업이든 일정한 시기(입사 후 10~15년)의 인사제도는 지원자나 기존사원들에게 제시할 수 있다.

회사에서 10년 이상 일해도 인사에 아무런 변화가 보이지 않는다면 매력을 느낄 수 없다. 인사 제도는 어디까지나 시간에 따라 정해져 있다. 그래서 사원 모두가 임원이나 사장단에 오른다고 보장할 수는 없지만 어려운 일이 있어도 극복하고 한 단계씩 올라가는 모습을 상상하며 더욱 열심히 일할 수 있다.

갈수록 경쟁이 치열해지는 시대에 사원들의 기업 간 이동은 더욱 잦아질 것이다. 다른 기업이 스카우트하거나 기존사원이 조건이 더 좋은 기업을 찾아 이동하는 일을 나쁘게만 볼 수 없는 시대가 된 것이다. 직업을 선택하는 것은 자유이기 때문에 사원들을 잡아둘 수는 없다. 하지만 사원들에게 매력적인 기업으로 보이려는 노력은 계속할 수 있다.

사원이 비전을 갖고 의욕에 차서 일하는 기업은 대외적으로도 좋은 인상을 갖게 한다. 대외적으로 좋은 인상을 줌으로써 새로운 이익을 창출할 수 있고, 기업은 더욱 성장할 수 있다.

기업의 성장은 그곳에서 일하는 사원의 역량으로 이루어진다고 해도 지나친 말이 아니다. 한 사원의 실수로 기업이 쇠퇴할 수 있다. 사원의 의욕을 높이려면 사원이 존재 가치를 느낄 수 있고 자기 미래를 그려나갈 수 있게 하는 확실한 인사 제도가 뒷받침되어야 한다.

Point
- 연봉 인상이나 승진 제도를 구체적으로 제시하여 사원의 의욕을 높여야 한다.
- 인사담당자는 신입사원이 보람과 존재 가치를 느끼는지 파악해야 한다.

Talented man

부록

채용에 관한 근로기준법 정리
신입사원 채용과 경력자 채용의 차이점
고용계약서를 작성하고 입사 전에 면담하자
이직자들과 상담한 내용
신중하게 끝까지 확인해야 할 구직자 타입
신입사원 채용 면접의 체크 리스트
경력자 채용 면접의 체크 리스트

01 채용에 관한 근로기준법 정리

채용에서 근로기준법을 잘 모르면 문제가 생길 수 있다. 합격자나 신입 사원의 의욕을 높이기 위해서라도 입사 규정을 정비하여 안심하고 일할 수 있는 환경을 마련하는 것이 중요하다.

고용계약서

고용 계약은 구두 합의만으로도 성립하지만 다음 항목들은 서면으로 작성해 서로 가지고 있어야 한다. 인사담당자 중에는 구두로 전해도 문제가 없다고 생각하는 이들이 있는데 합격자와 신뢰관계를 생각한다면 확실히 명시할 필요가 있다.

서면으로 명시해두어야 할 사항
1. 고용 계약 기간 유무
2. 근무지, 종사하는 업무 내용
3. 업무 시작 시간과 마치는 시간, 휴식 시간, 휴일, 휴가, 야근 유무
4. 임금의 결정, 계산, 지급 방법(월급일 포함)
5. 퇴직 및 해고 사유에 관한 사항

채용내정

채용내정 취소를 가볍게 생각하는 인사담당자가 있는데, 원칙적으로 사원의 해고와 같이 생각할 수 있다. 채용내정 취소는 입사일, 근무지 등을 알린 단계에서 노동 계약이 성립되었다고 생각할 수 있어 근로기준법의 '해고'에 해당한다. 해고가 합리적으로 인정되는 정당한 이유가 없다면 해고는 무효가 될 수 있다.

수습기간

입사 규정 등에서 수습기간을 3개월 등으로 정할 경우 3개월 이내라면 간단히 해고할 수 있다고 생각하는 인사담당자가 있는데, 해고할 때는 해고 사유가 정당해야 하며, 이에 대한 판단은 사회 통념상 객관적으로 인정할 수 있어야 한다. 해고 사유와 해고 시기는 서면으로 명시해서 통보해야 한다. 그렇지 않을 경우 해고 자체가 무효가 된다.

수습기간에 생각할 수 있는 주된 해고 사유

1. 근무 성적 또는 업무 능력이 현저히 떨어져 향상될 것으로 보이지 않고, 다른 직무로 전환할 수 없다고 인정될 때
2. 근무 상태가 현저히 불량하여 개선될 것으로 보이지 않고, 직원으로서 책임을 다하지 않는다고 인정될 때
3. 정신 또는 신체의 장애를 적정하게 관리하여 계속 고용하도록 배려했는데도 그 장애로 업무를 견디지 못한다고 인정될 때

인사담당자를 위한 팁

지원자의 심정을 이해하자

전국적으로 미용관리사를 채용하여 도쿄의 기숙사에 입실하도록 한 적이 있다. 전원이 기숙사에 입실하기 전날 나는 전화 받기가 참으로 두려웠다. 합격자들을 모두 맞이할 준비가 다 되어 있었지만 도쿄에 갈 수 없게 돼서 입사를 포기하겠다는 전화가 걸려올 수 있었기 때문이다.

아니나 다를까, 입사를 포기하겠다는 전화가 왔다. 전화를 끊은 뒤 '제기랄!' 하며 크게 화를 냈다. 그때 부하직원이 나 같지 않게 왜 그런 말을 쓰냐며 말려서 흥분을 가라앉히고 지원자가 왜 그랬는지 원인을 생각하게 되었다. 합격자들이 도쿄까지 올 수 없는 이유는 여러 가지이겠지만 그중 하나가 합격자에게 합격 후 과정을 제대로 설명하지 않았기 때문이었을 것이다.

나는 당시 채용하기 위해 전국을 돌아다녔기 때문에 누군가를 채용해준다는 우쭐함에 젖어 있었는지 모른다. 바쁘다는 이유로 간단하게 합격과 불합격을 결정하고, 사무적으로 채용 업무를 한 것이다. 그때 나는 지원자에게 그런 인사담당자의 마음이 바로 전해진다는 사실을 잊었다.

집을 떠나 알지도 못하는 곳에서 혼자 있게 될 지원자의 마음을 이해하지 못했으니 인사담당자로서 실격이었다. 그때 부하가 해준 한마디로 그 뒤 채용 업무에 임하는 내 자세는 크게 달라졌다.

02 신입사원 채용과 경력자 채용의 차이점

구인활동 기간

- 고졸: 6월~졸업 때까지
- 대졸: 대학 3학년 가을~졸업 때까지
- 경력자: 구직활동 시작일~2개월

구인방법

- 고졸: 고등학교에 채용공고문 제출(학교 추천 의뢰), 구인 사이트, 회사 홈페이지
- 대졸: 대학교에 채용공고문 제출, 대학교 게시판 구인광고 게재, 구인 사이트, 회사 홈페이지, 공적 기관에 게재, 학교 채용설명회
- 경력자: 구인 사이트, 회사 홈페이지, 워크넷, 신문, 아웃소싱업체, 인재파견업체, 생활정보지, 전단지, 인재은행

주의할 점

- 고졸: 학교 추천으로 지원했을 수 있기 때문에 일에 대한 본인의 의욕을 확인할 필요가 있다. 직업에 대해 주의 깊게 설명해야 하며, 가

정환경 등 면접할 때 질문에 유의해야 한다.

- **대졸**: 합격한 뒤부터 입사하기까지 기간이 길 수 있기 때문에 지속적인 관리가 필요하다. 설명회, 세미나를 자주 개최해 입사 의욕을 확인해야 한다. 직무 경험이 없기 때문에 직무 능력은 미지수다.
- **경력자**: 직무 능력이 믿을 만한 것인지 확인한다. 실무에 투입되어 짧은 기간에 성과를 얻을 수 있는지 파악해야 한다. 조직을 혼란에 빠뜨리지는 않을지, 적응력은 있는지 살펴보아야 한다.

03 고용계약서를 작성하고 입사 전에 면담하자

고용계약서를 서면으로 작성해야 한다고 앞에서도 이야기했는데, 이는 근로기준법에도 있다. 하지만 기업들 중에서는 구두로만 합격자에게 알리거나 입사하기까지 아무런 이야기를 하지 않는 곳들도 있다.

면접할 때 지원자는 희망 급여를 이야기했겠지만 실제로 급여를 얼마나 받을지, 근무지는 어디인지, 복수 업무를 지원했는데 어느 업무를 담당하게 될지 등 인사담당자는 알고 있는 사항이라도 확실히 알려주지 않으면 합격자로서는 아무것도 알 수 없다.

기업에 불신감을 갖고 입사한 사원이 적극적으로 일할 수 있을 것이라고는 생각할 수 없다. 지원자로서는 생활은 해야 하는데 퇴사가 갑자기 결정되었기 때문이라는 이유 등으로 입사와 관련된 정보를 알아야 할 수도 있기 때문에 기업 측에서 먼저 근로조건 등을 이야기해야 할 필요가 있다.

인사담당자 중에는 합격자를 발표했으니 입사하고 나서 이야기하면 될 것이라고 생각하는 이들이 있는데, 합격한 뒤 입사하기까지는 채용 절차 기간과 같이 신경 써야 한다. 합격자가 입사한 뒤 잘못 선택한 것은 아닌지 고민하지 않게 하려면 불안감을 없애주어야 한다. 근로 조건이나 대우가 불안해도 합격자가 직접 말하기 어려운 상황이라는 것을 인사담당자는 알고 있어야 한다.

사원은 로봇이 아니다. 로봇은 정해진 일을 하지만 사원은 정해진 일보다 못할 수 있으며 의욕이 있고, 열심히 하려는 의지가 있으면 정해진 일 이상을 하여 성과를 거두기도 한다. 그렇기 때문에 사원에게는 신뢰할 수 있는 기업에서 일한다는 것이 중요하다.

인사담당자는 합격자의 마음을 알아차려서 합격자가 먼저 질문하기 전에 제대로 설명해야 한다. 질문을 받고 나서야 대답하는 사람은 우수한 담당자라고 할 수 없다.

지원자와 고용계약서를 서면으로 쓰지 않았다면 입사 전에 고용계약서를 작성하는 것만으로도 합격자의 입사 포기를 틀림없이 줄일 수 있다(01 채용에 관한 근로기준법 정리 참조).

04 이직자들과 상담한 내용

이직을 희망하는 사람들과 채용에 관해 상담한 내용을 정리했다. 도움이 되었으면 한다.

지원 단계

- 지원했으나 일주일이 지나도 연락이 없다.
- 기업으로부터 입사 제의 이메일을 받아 답신했는데 연락이 없다.
- 기업으로부터 입사 제의 이메일을 받았는데 전형적인 문체로 보아 누구에게나 보낸 메일 같다.
- 지원했는데 채용이 끝났다는 발표가 났다. 그런데 채용 광고를 계속한다.
- 구인 사이트와 지원하는 기업의 홈페이지 중 어디로 지원하면 좋을지 모르겠다.
- 구인 사이트를 통해 지원했는데 직무경력서를 다시 제출하라고 요구하여 준비하고 있다. 내용이 같은 것을 제출해도 좋을지 모르겠다.
- 구인광고에 있는 학력에 미치지 못하는데 지원해도 되는지 모르겠다.
- 기업에서 제시한 나이보다 많은데 지원해도 되는지 모르겠다.
- 짧은 기간에 그만둔 기업도 직무 경력으로 기재해야 하는지 모르겠다.

채용 시험과 면접

- 2세 계획 등 사적인 질문에도 대답해야 하는지 모르겠다(여성).
- 면접하기까지 1시간을 기다리게 하던데 입사한 뒤가 걱정된다.
- 면접할 때 옆방에서 화내는 소리가 들리던데 괜찮을지 모르겠다.
- 1차 면접을 치르고 그 자리에서 합격했다고 한다. 괜찮은 것인지 모르겠다.
- 희망 급여 등에 관한 질문을 받지 않으면 떨어진 것은 아닌지 불안하다.
- 면접관이 일방적으로 질문하고 일 내용 등 회사에 관해 설명해주지 않았다.

채용 시험을 치른 뒤

- 일주일이 지났는데 먼저 연락해도 좋을지 모르겠다.
- 한 곳에 합격했는데 가장 가고 싶어 하던 기업의 결과를 기다려도 좋을지 모르겠다.
- 이력서의 연도와 월일을 잘못 기재한 것을 이제 알았는데 어떻게 하면 좋을지 모르겠다.
- 급여와 근무지 등의 설명이 없었는데 불안하다.
- 합격 전화를 받았는데 그 뒤 연락이 없다.
- 합격했는데 모집했던 고용형태와 다르다. 이해할 수 없다.
- 가족관계증명서를 제출하라고 하는데 이것이 일반적인지 모르겠다.
- 신원보증서를 제출하라고 하는데 이것이 일반적인지 모르겠다.

인사담당자를 위한 팁

그 학생의 한마디가 나를 움직였다

지금부터 10년도 더 된 일이다. 신입사원 채용에서 마지막으로 질문이 있냐고 묻자 지원자인 남학생이 인사담당자를 못 믿겠다고 했다. 이야기를 들어보니 인사담당자는 언제나 웃으면서 대하는데 어떤 기업이든 불합격 통보를 한다는 것이었다. 그 학생은 면접을 보는 내내 면접 대비서에서 본 듯한 내용을 계속 이야기하는 것 같았으며, 대답을 들어보면 꼭 우리 기업에 들어오고 싶어 하는 것도 아닌 것 같았다. 안됐지만 나도 그를 채용하지 않았다.

그 학생뿐만 아니라 많은 구직자가 왜 채용되지 않았는지 고민하는 것을 느끼게 되어 면접은 모범적인 답을 따라 하는 것이 아니라 진심으로 하는 것이라고 알렸으면 하는 마음이 생기게 되었다. 그리고 이를 책으로 전하자고 마음먹게 되었다. 그 학생의 한마디가 마음을 움직인 것이다.

여러 기업에서 불합격 통보를 받으면 주눅이 들어 기업이나 인사담당자에게 강한 불신감을 갖기 마련이다. 노력해도 성과가 없다는 것은 너무 불합리하다. 노력한 사람의 꿈을 위해 조금이라도 도움이 되었으면 하는 것이 내가 집필한 이유이며, 그들이 취직할 수 있도록 지원하는 일을 하는 데 원동력이 되었다.

05 신중하게 끝까지 확인해야 할 구직자 타입

기업을 연구하는 타입

채용 심사가 진행되는데도 기업을 연구하는 타입으로, 지원한 업종이나 직종이 제각각인 사람이다. 기업에 대한 마음이 냉정한 이들이 많으며, 우수한데도 마지막까지 직장을 정하지 못하는 이들도 있다. 경력자는 가장 마지막에 이직하고 싶다는 생각이 강해서 대우나 복리후생에 신경쓴다. 좋은 의미에서는 신중파지만 입사해도 생각했던 것과 다르면 바로 그만둘 수 있다.

면접 대비서 내용을 중요시하는 타입

면접 등에서 면접 공략 책 등을 달달 외워서 말하는 타입으로, 생각지 못한 질문을 받으면 대답을 못하는 사람들이 많다. 특히 취직하고 싶은 업종이 없으면 지원 동기도 구체적으로 말하지 못한다. 취직이나 이직을 하고 싶다는 생각은 강하지만 직장을 바꾸는 것에만 생각을 집중해 왜 입사하고 싶으냐는 질문을 했을 때 대답을 잘 못한다.

안정 지향적인 타입

신입사원 채용이든 경력사원 채용이든 기업 규모나 지명도가 있기 때문에 안정된 기업이라고 생각하는 타입으로, 일의 내용이 아니라 조건이 좋기 때문에 지원하는 이들이 많다. 안정 지향적인 타입이 결코 나쁘지는 않지만 이 타입 중에는 수동적으로 시키는 일만 열심히 하는 사람도 많다. 오랫동안 제대로 일하고 싶다고 생각하지 않을 수 있기 때문에 무슨 일을 하고 싶은지, 어떻게 회사에 기여할 수 있는지 확실히 살펴보아야 한다.

열혈 타입

어쨌든 지원한 기업에 들어가고 싶다는 생각이 강한 타입이지만, 업무 내용이 생각과 다르면 입사 전의 열기가 식어 바로 퇴사하기도 한다. 입사하고 싶다는 의지가 넘치지는 않지만 꼭 해보고 싶었던 일이라서 지원한 경우 채용 심사 중에 일의 어려움과 힘든 점을 설명해주는 것이 좋다. 지원자 중에는 의욕을 보이다가 쉽게 주저앉는 타입도 있기 때문에 경력자의 경우 그때까지 경력을 보아 믿음이 가지 않는 점이 있다면 자세히 물어보자.

과거 실적을 중시하는 타입

중·고령의 경력자에게 많은 타입으로, 과거 실적만 거창하게 이야기하고 지원 기업에서 어떻게 기여할지 이야기하지 않는 타입이다. 학생이라면 학교 성적이나 부서 활동의 실적을 과장해서 이야기하는 이들도 있다. 자신을 알리는 것과 우쭐해서 이야기하는 것은 다르기 때문에 자기에 대한 분석은 제대로 되어 있는지, 과거 경험을 어떻게 살릴지 생각하고 있는지 질문해보자.

착실한 타입

성적도 우수하고 착실하지만 이야기해보면 열의를 느끼지 못하는 타입이다. 시킨 일은 착실히 잘해내기 때문에 정해진 일을 할 때는 문제가 없지만 적극적으로 행동하는 면에서 안심할 수 없는 사람도 있다. 착실한 사람은 평가해줄 만하지만 때로는 경직되지 않은 상태에서 좋은 아이디어가 생겨날 수도 있고 행동력을 보일 수도 있다. 반면 이런 타입 중에는 자신만의 세계가 강해서 주변 분위기를 잘 모르는 사람이 있다.

자기중심적인 타입

면접관의 이야기를 듣지 않아 질문에 연거푸 엉뚱한 것을 말하는 사람이 있다. 여러 지원자와 동시에 면접을 보는 경우, 다른 지원자에게는 전혀 신경 쓰지 않고 자신을 내세우는 것에만 신경 쓰는 사람이다. 면접관의 나이가 많지 않으면 언어나 태도를 편하게 하는 사람도 있다. 또 지원 동기 등을 이야기할 때 자신이 그 일을 해보고 싶다고 이야기하겠지만 대답 속에는 기업에 어떻게 기여할지가 포함되어 있지 않은 경우가 많다.

영업 스타일 타입

상당히 밝고 면접관을 대하는 데도 문제가 없지만 영업하는 투로 말해서 왜 그러는지를 파악하기 어려운 타입이다. 사회인으로서 매너도 갖추었으며 웃는 얼굴이 자신 있는 부분이라고 주장하는 사람도 있다. 성격이 밝고 사람을 좋아하는 지원자라면 문제가 없지만 어려운 문제와 직면하면 갑자기 바뀌는 사람도 있다. 이런 타입에게는 압박면접으로 어려운 질문을 해보는 것이 좋다. 표정이나 말이 바뀌지 않는다면 조직 적응력도 갖추고 있는 인재다.

우유부단한 타입

기업을 연구하는 타입과 비슷하지만 이 타입은 의사 결정력이 부족하고 재직 중에 이직 활동을 하면 합격자를 발표한 시점에서 퇴직서를 내지 않을 경우가 많다. 무엇을 해야 한다는 위기감은 느끼지만 어떠한 이유를 들어 입사를 결정하지 못한다. 신중하게 생각하는 타입이지만 본인 스스로 아무것도 결정하지 못하는 타입인지 확인하기 위해서라도 지원자와 적극적으로 이야기해볼 필요가 있다.

06 신입사원 채용 면접의 체크 리스트

입실까지

☐ 안내 사원을 대하는 태도는 어떠한가?
☐ 웃는 얼굴로 밝게 인사하는가?
☐ 다른 학생과 잘 어울리며 이야기하는가?
☐ 시간을 잘 지키는가?

학교생활에 대해서

☐ 간략하게 중요한 것들만 추려내는가?
☐ 구체적인 사례를 들어서 이야기하는가?
☐ 자만하는 자세로 이야기하지는 않는가?
☐ 면접관이 관심을 가질 내용인가?
☐ 아르바이트 경험이 있는가?

자기 PR

☐ 인상 깊은 자기 PR인가?
☐ 구체적인 사례를 들어 이야기하는가?

- [ ] 지원한 직종에 강점이 될 만한 자기 PR인가?
- [ ] 구체적인 자기 PR이며, 이야기한 내용은 믿을 만한가?
- [ ] 자기 분석이 되어 있는가?

지원 동기

- [ ] 회사에 대해 알고 있으며, 모집 직종이나 업종에 대한 연구는 충분히 되어 있는가?
- [ ] 구체적인 이유를 들어 이야기하는가?
- [ ] 학생 생활과 연관 지은 지원 동기인가?
- [ ] 간단명료하게 정리하여 이야기하는가?
- [ ] 꿈이 있고 목표를 세워놓았는가?
- [ ] 본인의 적성이나 경험을 알고 지원했는가?
- [ ] 이 회사에 입사하고 싶은 이유를 설명하는가?

학생 시절 이야기

- [ ] 막연한 내용이 아니라 구체적인 사례가 들어 있는가?
- [ ] 일에 관련된 적성, 능력에 관련된 내용이 포함되어 있는가?
- [ ] 좋은 인간관계를 만들 수 있는 내용인가?

장점과 단점

- [ ] 구체적인 사례가 들어 있는가?
- [ ] 장점은 일에서 활용할 수 있는 내용인가?

☐ 단점은 고쳐나가는 노력을 하는가?

종합

☐ 결론부터 이야기하여 간단하면서도 알기 쉽게 설명할 수 있는가?

☐ 압박면접에도 냉철하게 대응하며 대답할 수 있는가?

☐ 자기 생각을 이야기하며 열의를 느낄 수 있는 내용인가?

☐ 학생다움이 느껴지는 대답인가?

☐ 부모의 반대나 본인의 고민이 느껴지지는 않는가?

특성

☐ 협동심이 있는가?

☐ 다른 사람의 말을 잘 듣는가?

☐ 스트레스 내성이 있는가?

☐ 일에 대한 잠재력이 높은가?

면접을 마칠 때와 퇴실할 때

☐ 입사하고 싶은 의지를 나타내는가?

07 경력자 채용 면접의 체크 리스트

입실까지

☐ 안내 사원을 대하는 태도는 어떠한가?

☐ 웃는 얼굴로 밝게 인사하는가?

☐ 시간을 잘 지키는가?

지금까지 한 일에 대해

☐ 경력을 간략하게 중요한 것들만 정리해서 이야기하는가?

☐ 업무와 관련된 내용은 수치로 실적을 이야기하는가?

☐ 자만하게 이야기하지는 않는가?

☐ 지금까지 경력이 다른 업종일 경우 모집하는 업무에 경험이 없지만 경력과 공통되는 부분이 있는가?

☐ 면접관이 관심을 가질 만한 내용인가?

☐ 직무경력서에 기재된 내용과 다른 점이 있는가?

☐ 일할 때 자신의 강점을 알고 있는가?

☐ 일하고 싶은 직무를 알고 있으며, 구체적으로 설명하는가?

☐ 바라는 인재와 맞는 직무 능력을 가지고 있는가?

퇴사 이유

- ☐ 퇴사·이직을 하려는 이유는 긍정적인 발상인가?
- ☐ 과거보다 미래를 생각한 내용인가?
- ☐ 사례를 넣어서 이직 이유를 말하는가?
- ☐ 이직 이유가 현실 도피는 아닌가?
- ☐ 이직 의지는 강한가?
- ☐ 이직 시기가 확실한가?
- ☐ 전 직장에 감정적인 불만은 없는가?
- ☐ 인간관계 때문에 퇴사한 것은 아닌가?
- ☐ 직무 능력이 떨어져 퇴사한 것은 아닌가?
- ☐ '~가 싫어서'라는 말을 하는 것으로 보아 전 직장에 대한 불만 때문에 퇴사한 것이 아닌가?

지원 동기

- ☐ 구체적인 이유를 들어서 이야기하는가?
- ☐ 지금까지의 경력과 연관 지은 지원 동기인가?
- ☐ 미래 비전이 확실한가?
- ☐ 전 직장에서는 이루기 힘든 꿈이지만 이직한 뒤에는 실행할 수 있는 내용인가?
- ☐ 간단명료하게 정리하여 이야기하는가?
- ☐ 면접관과 이야기할 수 있는 내용인가?
- ☐ 회사에서 바라는 인재를 파악한 대답인가?

☐ 자기중심적인 내용은 아닌가?(대우와 근무 환경 등)
☐ 강점을 살려 회사에 기여할 수 있는 것을 구체적으로 말하는가?
☐ 회사에 입사하고 싶은 구체적인 이유를 말하는가?
☐ 모집하는 업무에 경험이 없을 경우 배우려는 자세를 취하는가?

자기 PR

☐ 자기 분석이 되어 있는가?
☐ 직무 경력에 바탕을 둔 자기 PR인가?
☐ 자신감이 너무 넘치는 내용은 아닌가?
☐ 회사에서 기여할 수 있는 면을 강조하는 내용인가?

관리능력

☐ 리더십을 갖고 있는가?

인성

☐ 조직 적응력이 있는가?
☐ 자기중심적인 성격은 아닌가?
☐ 다른 사람의 말을 잘 듣는가?
☐ 스트레스 내성이 있는가?
☐ 자기계발을 할 생각이 있는가?

종합

☐ 자기 생각을 이야기하며 일에 대한 신념이 느껴지는 내용인가?

☐ 압박면접에도 냉철하게 대응하며 대답할 수 있는가?

☐ 과거 실적을 자만하여 이야기하지 않으며, 도전 정신을 갖고 이야기하는가?

☐ 이직 희망시기 등의 대답으로 지원자가 입사하고 싶어 한다고 느낄 수 있는가?

면접을 마칠 때와 퇴실할 때

☐ 입사하고 싶은 의지를 나타내는가?

인사담당자를 위한 팁

광고 문구의 중요성

 구인광고의 문구로 반응이 크게 달라지는 것을 실감한다. 예전에 승무원을 대상으로 하는 연수 담당사원을 모집했을 때 그 당시 활발하게 활약하고 있는 지원자부터 퇴직한 사람들까지 큰 호응을 얻으며 우수한 직원을 채용한 적이 있다. 모집 대상을 한정해 지원자의 반응이 줄어들어 아쉽지만 대상자를 구분함으로써 반응이 커질 수 있다는 것을 경험했다.
 신규 사업의 기획사원을 모집할 때는 기획안을 만화로 그려서 가지고 온 지원자부터 고도의 마케팅 이론을 펼치는 지원자까지 다양한 사람이 지원했다. 지금은 구인광고에 연 수입을 1천만 엔이라고 기재하는 기업들이 있지만, '연 수입 1천만 엔도 꿈이 아니다!' 라는 광고 문구를 썼을 때 우리 쪽에서 예상했던 인재 이상의 사람들까지 지원하여 채용할 때 상당히 고심했던 기억이 있다. 물론 1천만 엔의 소득을 올릴 수 있는 근거가 없다면 그 문구를 사용할 수 없었을 테지만 그 광고 문구에 대한 반응은 틀림없이 달랐다.
 사람들이 모이지 않는다고 한탄해도 달라지는 것은 아무것도 없다. 인사담당자는 회사의 매력을 끌어내어 구직자에게 전하는 메신저이기도 하다. 작은 구인광고라도 회사의 매력을 전한다면 틀림없이 구직자 마음이 움직일 것이다.

맺으면서

　　　　　　　　　이 책을 읽고 채용 업무가 기업의 미래를 결정짓는 중요한 일이라는 것을 인식할 수 있었으면 좋겠습니다.

　일본에는 신입사원으로 채용된 합격자의 입사 포기를 막아달라는 기업의 의뢰를 받아 합격자인 학생을 상담해주는 컨설턴트 회사가 있습니다. 그렇다고 직접 의뢰받은 기업에 입사하도록 조언하는 것이 아니라 대기업의 장점과 단점, 의뢰한 기업의 미래성 등 학생 입장을 생각하여 이야기해주는 것입니다.

　그 결과 다른 기업에 입사하고 싶다는 학생이 상담을 하면서 마음을 바꾸는 경우도 많은 것 같습니다. 이러한 기업의 생각이 기발하다고 생각되는 반면 기업의 인사담당자는 무엇을 하고 있는가 하는 의문도 듭니다.

　책에서도 줄곧 우수한 인재를 채용하기 위해서는 면접관이 지원자와 같은 감정을 갖고 신뢰관계를 만드는 것이 무엇보다 중요하다고 서술했습니다. 기업과 지원자 사이에 신뢰관계가 있다면 합격자가 입사를 포기하더라도 인사담당자에게 상담할 것입니다. 분명 입사하지 않겠다는 한마디로 끝나지 않을 것입니다.

　구직자가 입사하여 행복했으면 합니다. 인사담당자가 지원자의 행복은 기업에 입사하여 활약하는 것으로 얻을 수 있다고 설득한다면 입사 포기는 줄어들 것입니다.

　경쟁이 치열해지는 시대로 갈수록 인재를 채용할 수 있는 기업과 그렇지 못하는 기업의 차이는 확연해질 것입니다. 지원자가 적다면 인사담당자는 어떻게든 손을 쓸 필요가 있습니다. 그저 가만히 기다리면서 인재가 와주길 바라기만 한다면 아무것도 나아지지 않습니다.

인사담당자에게 많은 노력이 필요한 시대이니만큼 인사담당자는 시대 흐름을 정확히 파악하여 전략적으로 일해야만 합니다. 기업 규모를 불문하고 매력 있는 인사담당자가 열심히 노력하는 기업에게로 틀림없이 사람들이 모일 것입니다.

구직자는 로봇이 아닙니다. 구직자들에게 정말로 진심을 다해 대하고 성의를 다해 말한다면 그 마음은 반드시 구직자들에게 전해질 것이며, 합격한다면 인사담당자에게 매력을 느껴 입사할 것입니다.

이 책은 20년 가까이 인사업무를 해온 경험과 취업 지원 비즈니스를 하면서 배우고 느낀 것을 정리해 인사담당자의 이상적인 모습, 우수한 인재를 확보하는 방법, 신입사원을 살리는 방법을 쓴 것입니다.

이 책을 계기로 채용의 프로로서 우수한 인재를 한 명이라도 더 많이 채용할 수 있기를 진심으로 바랍니다.

야도코로 겐이치로

중앙경제평론사
중앙생활사

Joongang Economy Publishing Co./Joongang Life Publishing Co.

중앙경제평론사는 오늘보다 나은 내일을 창조한다는 신념 아래 설립된 경제·경영서 전문 출판사로서 성공을 꿈꾸는 직장인, 경영인에게 전문지식과 자기계발의 지혜를 주는 책을 발간하고 있습니다.

인재가 기업의 미래다

초판 1쇄 인쇄 | 2011년 10월 12일
초판 1쇄 발행 | 2011년 10월 17일

지은이 | 야도코로 겐이치로(谷所 健一郎)
감수자 | 한근태(Geuntae Han)
옮긴이 | 박주영(Jooyoung Park)
펴낸이 | 최점옥(Jeomog Choi)
펴낸곳 | 중앙경제평론사(Joongang Economy Publishing Co.)

대　　　표 | 김용주
책 임 편 집 | 이상희
본문디자인 | 이여비

출력 | 국제피알　종이 | 타라유통　인쇄 | 태성문화사　제본 | 은정제책사

잘못된 책은 바꾸어 드립니다.
가격은 표지 뒷면에 있습니다.

ISBN 978-89-6054-082-8(13320)

원서명 | 稼ぐ人を逃がさない「採用」「面接」の技術

등록 | 1991년 4월 10일 제2-1153호
주소 | ⊕100-789 서울시 중구 왕십리길 160(신당5동 171) 도로교통공단 신관 4층
전화 | (02)2253-4463(代)　팩스 | (02)2253-7988
홈페이지 | www.japub.co.kr　이메일 | japub@naver.com | japub21@empas.com
♣ 중앙경제평론사는 중앙생활사·중앙에듀북스와 자매회사입니다.

이 책은 중앙경제평론사가 저작권자와의 계약에 따라 발행한 것이므로 본사의 서면 허락 없이는 어떠한 형태나 수단으로도 이 책의 내용을 이용하지 못합니다.

▶홈페이지에서 구입하시면 많은 혜택이 있습니다.

※ 이 도서의 **국립중앙도서관 출판시도서목록(CIP)**은 e-CIP 홈페이지(www.nl.go.kr/cip.php)에서 이용하실 수 있습니다.(CIP제어번호: CIP2011003797)